人の心を見抜いて成功する法

井原　哲夫

人の心を見抜いて成功する法

●目　次

第三章　人々の欲求を刺激すれば売れる

装丁デザイン　八木千香子

第一章　現代を読みとく11の法則

第一章　現代を読みとく11つの法則

1、なぜ人間はほめられたいのか

「世間の基準」の底にあるもの

交通ルールに違反して車を運転すると罰金をとられる。ところが、何ら罰則がなくても、人間は社会的基準に囚われて行動することがよくある。

たとえば、場合と場所によって口のきき方が違う。もっとはっきりしているのが身に着けるものである。結婚式、葬式、パーティー、会議室では、出席者は相応しいとされる服装をする。スポーツウエアが1着あれば、大概の陸上スポーツはできそうだが、プレイには影響をしそうもないような人々も、選手と似たようなデザインのウエアを身に着けている。結果としてどんなスポーツをしようとしているか、一目で判断ができるほどである。多くの人々が「こうあるべき」という世間の基準に反応したからである。

何故、人は世間の基準に従うのだろうか。それは、「けなされたくない」からである。

派手な身なりで葬式に行けば、冷たい視線を浴びる。水着姿でオフィス街を歩けば、パトカーが飛んで来るような雰囲気がある。人々はこれを避けようとするのだ。そして、初めてスキーに誘われれば、自分の技能よりも何を着て行くかが気になり、詳しい知人に尋ねる人がいる。

みんなが社会の基準に従えば、それぞれの場の服装は固定してしまうはずである。確かに、礼服といわれるものは昔から変わらないが、はっきりした流行現象が見られる分野もまた大変広い。これには、素敵なファッションで身を飾って「ほめられたい」(「けなされたくない」はこの裏返し)という欲求が関わる。でも、デザイナーは厳しい競争のなかで、素敵なファッションを追求し続けてきたのだから、誰もが認めるようなファッションが完成し、それが固定しても不思議ではない。

実は、流行には、人間のこうした欲求だけではなく、視覚の性質が関わってくるのだ。その一つが、「視覚は飽きっぽい」ということである。「美人は3日で飽きる」という表現があるが、この性質を表している。そして、あるとき「なんと素晴らしい」と高い評価を受けたファッションが、3年もすると「ダサイ」ということになってしまうのだ。

消極型と積極型の自己表現法

一方、食べ物には流行現象があるとの実感はないが、これには「習慣性が強い」という味覚の性質が関係している。たばこは味覚商品だが、一度銘柄が決まると長期にわたって喫煙されることからもわかる。それでも、習慣がつかなければ飽きてしまう。

例えばたいていの日本人が3日続けてステーキを食べ続けると、見るのも嫌になるのは、日常的にステーキを食べないからである。それでいて、日本人は毎日が米の飯でもことさら不満が出ないのだ。このようなことから、食品には伝統的味が長続きする分野と、新商品が出ては消える分野とがあるのだ。

実は、視覚の性質と「ほめられ欲求」だけでは流行現象の説明ができない。やはり、タイプの違った人間を登場させる必要がある。

第1のタイプは、「けなされさえしなければよい」と思う人々で、これが消極型タイプであり、中年男性に多い。消極型タイプの人たちが身に着ける衣服は、そうデザインが変わらない。変えようとする力が加わらないのである。葬式や結婚式の簡易礼服がその典型であるし、ビジネススーツもこの傾向が強い。

第2のタイプが、身を飾って前向きにほめられたいと思う人々で、これが積極型タイプであり、女性に多い。

けなされない範囲を「幅」（世間の基準の範囲）と呼べば、積極型タイプはこの幅をフルに使って自分を表現しようとする。常に、幅を広げる圧力がかかっていることになる。事実、結婚式や会社に行けばわかるように、女性の服装は、男性の服装よりもずっと多様である。

積極型タイプの人々でも、けなされたくはないのだから、幅を飛び出すほどの奇抜な格好をするわけではない。

実は、流行現象を作り出すには、もう一つのタイプの人々の登場を必要とする。それが、幅自身を認識できない、あるいはしようとしない人々である。葬式に派手な格好でやってきたり、パーティー会場に革ジャンパーを着てきたりする。たまに見かけるだろう。この人々を奇人変人タイプという。

奇人変人の服装は幅を飛び出しがちであるが、既存の幅よりもあまりにもかけ離れていると、相手にされない。それが幅の境界に近いファッションだと、初めは「変だな」と思っても、まもなく馴れてしまう。流行現象には、視覚のもう一つの性質である「馴れやすい」ということが重要な関わりを持ってくるのだ。テレビで、美人とはとてもいえない女性が登場し、やがて人気タレントになって長く活躍することがある。演技力が素晴らしいということもあるだろうが、この人に対して「彼女、味が出てきたね」と表現されることがある。これは、味覚の性質から出てきた表現であるが、視覚の馴れの性質も無関係ではない。

クールビズの浸透は「手頃感」

さて、幅の外側のファッションに馴れてくると、積極型の人はそれを取り入れようとする。幅がそちらに膨らんだのである。一方で、多くの人が古臭く感じる部分が出てくる。保守的な消極型タイプの人は古い部分にしがみつきがちだが、それが「ダサイ」となると、その部分を放棄して新しいほうに移らざるを得ない。全体として幅が動くことになり、この一連の変化が流行という現象である。

もっとも、ここでいう古臭い部分がまったく気にならず、流行などには無頓着で、従来どおりのファッションで通す奇人変人タイプがいる。ところが、流行は巡るから、たまに1周遅れのトップランナーになることがある。

ここで、奇人変人がいつも先導役を務めるわけではなく、多くの主体がきっかけを作る。芸能人は目立つ必要から、幅から飛び出したファッションを意識的に取り入れる。ファッション雑誌は常に新しさを訴え続ける必要があるから、どうしても幅から飛び出しがちになる。メーカーが新しいファッションを演出することもある。が、これらがすべて受け入れられるわけではなく、そのときの環境と「流行の法則」に従って、ある特定の方向へ幅が動くのである。

ときには、御上が奇人変人の役を演じて、幅を動かそうとすることがある。そして、失敗することも、成功することもある。

日本では、あの暑い夏に役所や会社ではスーツ着用が文化であった。それが、第一次オイルショックのとき、エネルギーの節約を図って、通商産業省（現経済産業省）が「省エネルック」（半袖のスーツ）なるものを提唱した。強力ないい訳があったのだが普及はしなかった。ところが、'05年の夏、やはりエネルギーの節約を謳い文句に、首相が先頭に立って、議会、役所等で、ノーネクタイ、上着なしの試み（クールビズ）を実行に移したが、これは一般に浸透した。

この違いをもたらした理由としていろいろ考えられる。省エネルックの場合は、普及に確信が持てないのにスーツを新たに買わねばならないとの負担感があったのに対し、クールビズでは単に上着を脱いで、ネクタイを外せばそれで済んだことが影響したかもしれない。一省と全政府という力の入れ方の違いも考えられる環境の違いもあったろう。

いずれにしても、幅を目論んだ方向に動かすことは、そう自由にできるわけではないのだ。このことは、人々の意識についてもいえそうである。

2、「自慢話」と「こきおろし」の楽しみ

おしゃべりは孤独では自己の存在確認
「人間は孤独では生きられない」という。

ここでいう「孤独」とは周囲に誰もいない状態のことではない。祭りや花見には多くの人が繰り出すが、このなかで話し相手もなく1人でいれば、やはり孤独感を感じてしまう。

人間は自分の存在を認められたいのである。そして、自分の話（愚痴でもいい）を聞いてくれる人が欲しいものだ。友達が集ってのおしゃべり、また家族団欒は楽しいが、自分の話を聞いて貰えることが大きい。それが自慢話であれば、満足度はもっと高まる。

しかし、人は自慢話を聞くのは嫌いである。自慢話が始まる気配を感じると、急に話題を変

えてしまう人さえいる。となると、労働と同じで、人の話を聞くことが市場価値を持つようになる。

営業マンの仕事には、お得意さんの所へ行って自慢話を聞き、代わりに商品を買って貰うようなところがある。人の話を聞くことを商売にしている人がいるそうだが、理にかなっている訳だ。上司と飲みに行くと代金を払ってくれるが、有難がることはない。自慢話を聞かされるのが常だから、正当な取引だと思えばいいのである。

お金を払ってまでして自慢話を聞いて貰う気がない人にとっても方法がある。仲間同士で酒を飲みながら、自慢話のし合いっこ、聞き合いっこをすれば満たされる。これを「触れ合い」といってよかろう。

飲み屋で他のグループの会話に聞き耳を立てると大概この「触れ合い」をやっている。このなかで、自慢話ばかりして人の話を聞かないのはルール違反であり、以後誘われる機会が減ってしまうから気をつけねばならない。

いずれの場合でも、聞きたくもない自慢話を面白そうな顔をして聞くのだから我慢がいる。ところが、場合によっては他人の自慢話が心地よく聞こえることがあるのだ。それが、プロ野球など特定のチームのファンが集って、そのチームや選手を話題にしながら酒を飲む場合である。

「昨日の逆転ホームラン見たかい。やってくれるね。この調子だと、あの選手はもっとよくなるぜ」「抑えのエーちゃん、惚れ惚れするね」などと話が弾む。自分がひいきにしている選手がほめられているのだから、いい気持ちになるのは当然なのだ。この原理を応用したのが、阪神タイガースなど特定のチームのファンだけを顧客にしている飲み屋である。自然に、客同士で盛り上がっていく。

ひいきの選手やチームの自慢話を聞けば、自分がほめられて浮き上がったような気になれるから楽しいのである。

「いじめ」がなくならない原因

ならば、そこにいるみんなが同じような満足を得る方法がもう一つある。それは、共通の知人をこき下ろすことで、みんなが相対的に浮かび上がるような気になれる場合だ。酒宴の席で、しばしばこの餌食になるのが上司である。自分達よりもエライと思っている人をこき下ろしたほうが、自分達を浮き上がらせる上で効果が大きいから、ついけなしたくなるのだ。

自分達よりも優れており、しかもみんなが知っている人の代表がプロスポーツ選手である。総理大臣などもそうだろう。彼らもまたこき下ろしの対象になるのだが、こき下ろす人の能力はこき下ろされる人よりも遥かに落ちるのが普通である。このとき一つのルールが適用される。それが、「こき下ろすときは自分を棚に上げてもいい」ということである。その場にいる全員がそうなのだから、容易に合意が得られる。

この楽しみでは、こき下ろしの対象になった人は、その場にいる訳ではないのだから、特に被害を受ける訳ではないが、仮に、あちこちで語られるこき下ろしの言葉が本人の耳にいちいち入ったとしたら、ダメージを受けて鬱病になるのは避けられないだろう。

これが「いじめ」のケースである。「いじめ」をなくそうとの努力にもかかわらず、なかなか「いじめ」が減らない背景には、このような人間の強力な「欲求充足」があるからなのだ。いじめ対策には、人間欲求の理解が必要なのがわかる。

実は、他人の話を進んで聞きたいと思うもう一つのケースがある。それは、自分にとって役立つ情報を手に入れたい場合である。この方法は二つある。一つはお金を払って必要情報を購入する場合である。

コンサルタントから指導を受ける。セミナーに参加して情報を手に入れる、などである。もう一つが、個人的な自慢話情報を役立てることである。

人間にとって、誰も知らないことを知っているのは楽しいが、それよりももっと楽しいことがある。それは、自分だけが知っていることを人にばらすことである。自慢話と同じ満足が得られるのだ。だから「これは誰にもいっちゃーダメだよ」といいながら、秘密情報が結構洩れるものなのだ。

「機密情報」は何故洩れるのか

一般に、情報には多くの人の間で共有化が進むほど、その価値が低下するところがある。仮の話だが、ある企業が画期的新商品の開発に成功したらしいとの情報をたまたま小耳に挟んだとすれば、株式投資で大儲けができる。しかし、その情報が公開されてしまえば儲けの余地は消えてしまう。料金を払って得る情報の場合、情報提供者は多くの人に売ろうと思っているのだから、すでに共有化が進んでいると考えておくべきである。ところが、ぽろっと洩らす小耳情報は、一般にそうではない。使いようによっては大変な価値を持つことがあるのだ。

となると、無料で貴重な情報が手に入る方法があるのに、何故お金を払って情報を手に入れようとするのか、との疑問が出てくる。それは、小耳情報は当面必要としている情報とは限らないからである。情報産業は、需要者のニーズに合わせて情報を提供できるからこそ商売として成り立つのだ。多様な人に情報を提供する雑誌にしても、その時に読者から求められている情報とかけ離れてしまっては売れなくなるだろう。

こういうと、自分の目的にとって有益な小耳情報だけを集められれば、と考える人がいよう。放送局が、面白い番組作りのための人や場所の情報提供を広く求め、採用された情報の提供者をちょっと紹介するだけで（自慢話欲求を満たして）多くの情報を集めることがある。特定の盛り場や観光地の穴場情報を募り、情報誌等に掲載することで客を増やすのも同じ原理である。

では、個人的には無理かということになるが、インターネットで情報を募れば、結構役立つ情報が集ってくるという。人間は直接に自慢話を聞いて貰うことからだけではなく、情報通信手段を通じた自慢話でも満足が得られるのだ。ブログやホームページを開設し、無料で情報を提供している人の動機としても窺える。安いコストで簡単に情報を伝達できる手段が発達すれば、話を聞かせたいとの欲求が顕在化して、自然に情報が回りだすのがわかる。

そして、今日、携帯電話やパソコンなどの情報伝達手段が発達し、いつでもどこにいても情報の受発信（触れ合い）ができるようになった。必然的に、莫大な量の自慢話情報が行き交い、通信費を増やしてきた。もし、人間に自慢話をしたいとの欲求がなかったら、事態はだいぶ違っていたろう。社会は技術進歩によるだけではなく、人間欲求と相互作用を起こして変わるとの理解が必要なのだ。ここでの人間欲求についてはおいおい説明をしていく。

3、人々の「愛」を惹きつければ成功する

無償で一方的な愛という欲求

プロ野球の球場には多くの観客が集まってくる。競馬場も同じである。これは、なんらかの欲求を満たせるからである。野球場も競馬場も観客席に囲まれたなかで競技を行っている点では同じように見えるが、やってくる人々の動機はだいぶ異なる。

競馬場では、人々は馬券を買う。当たれば払い戻し金を手にできるのだから、金儲けが動機

のように見えるがちょっと違う。競馬の場合、払い戻し金の割合は約75パーセントだから、平均的には損をするようになっている。むしろ、宝くじと同じように、当たれば大金が手に入るのだから、「夢を求めて」といったほうがよかろう。25パーセントは夢の値段というわけである。

野球場にやってきた人々は賭けたりはしない。彼らの多くはファンである。ひいきのチームを応援するために集まる。

では、応援することでどんな欲求を満たせるというのだろう。ひいきのチームが勝ったからといってお金が手に入るわけではない。実は、ファンは「愛」という欲求を満たそうとしているのだ。ここのところはちょっと説明がいる。

子どもが学校でいい成績をとると親は舞い上がる。逆に子どもが不幸な状況に陥ると親は胸を痛める。このようなつながりを「身内関係」という。

このとき、親は子どもを望ましい状況におければ、自分の満足度を高めることができる。これを可能にする具体的方法が、子どもに無償で食事をさせ、ちゃんとしたものを着せ、教育にお金をかけることなのだ。

プロ野球のファンも同じで、身内であるひいきのチームが勝てば満足できるのだから、お金と時間をかけて応援するのだ。これが「愛の行動」である。

また、愛は一方的である。昔は、子どもには投資の意味があったが、今や子どもが成人しても親の脛をかじり続ける時代になってしまった。それでも、親は相変わらず時間とお金を子どもにつぎ込んでいる。プロ野球の球団や選手は個々のファンを認識すらしていないのに、人々は時間とお金をかけて球場にやってくるのだ。

偏在化した愛は一定期間続く

世の中には、ファン商売というのがある。ファンが増えれば、それだけ売上げが増える関係にある商売である。プロ野球はその典型である。ファンは入場料を払って球場に足を運んでくれる。テレビ中継をよく見てくれるから視聴率が上がり、テレビ局から多くの放映料をいただける。また、関連グッズを買ってくれるというありがたい存在である。同じことが、歌手、俳優、テレビタレントにもいえる。ファンが増えれば、高いギャラに結びつくのだ。

これは、一般の消費財についてもいえることである。今日、メーカーによる品質の差がなくなっているし、同じような価格で競争が行われている。となると、他で差をつけなければ、なかなか抜きん出ることができない。そこでクローズアップされてくるのが、ファンを多く作り出すことで売上げを伸ばそうという戦略である。この具体的方法が、多くの人に好意をもたれるブランド創りである。このような環境にあっては、供給している商品と関係のないことであっても、不祥事を起こすと客が離れてしまう。ファンから愛想をつかされたのである。

このように、人間は愛に満ち溢れた存在であるけれども、愛は特殊な性質をもっている。それが平等には愛せないという性質である。自分の子どもには、莫大なお金と心配を伴った時間をつぎ込むが、他人の子どもには多くを与えることはしない。巨人ファンは巨人のために熱烈な応援をするが、阪神タイガースも応援するという話は聞かない。愛は偏在化するといってもよい。

そして、一度、特定の対象に愛が芽生えてしまうと、ある一定期間続くといっていいようだ。とすると、企業やファン商売を営むものが、ファンを増やし、ファンを惹きつけておくことを怠ると、ライバルに愛をもっていかれてしまい、ファンを呼び戻すのに苦労することになる。

では、どうすれば人々の愛を惹きつけることができるのだろう。プロ野球などファン商売を営むものにとっては切実だろう。思いをよせる人を、自分のほうに惹きつけたい人も多かろう。

愛を発生させる基本は「密に接する」ことにある。家族の愛は深いが、家族は一緒に生活していることが大きい。ペットだって、一緒に暮らせば家族同様になってしまうだろう。そして、プロ野球やJリーグのファンに見るように家族を超えた熱烈な愛が発生することが多々あるのだ。一方、「遠い親戚よりも近くの他人」という言葉があるように、会わないでいると愛が薄れてしまうのだ。

「密に接する」ことで愛が発生

人が会うことによって、「情が移る」という現象が生じる。いわば「身内関係」ができあがり、「この人が不幸になれば、自分の不満が高まる」状況が顕在化するのである。営業マンが、電話またはメールで情報を提供して取引するほうが効率的なように思えるが、わざわざ客のところまで出向くという手間のかかる方法をとることが多い。これもやはり、会うことによって、「この人の営業成績が悪いと、自分の不満が高まる」との筋道をつくれるから効果的なのだ。

テレビドラマを見れば、主人公に情が移り、身内感情ができてしまう。そして、喜びも悲しみも主人公とともに体験してしまうのだ。ということは、情報メディアを通じても愛が発生することを意味する。もちろん、実際に会うことより効果は弱いだろうが、その情報提供量が莫大なために、全体として影響力はたいへん大きいのだ。

今なお巨人ファンは多いが、やはりテレビで中継される頻度が圧倒的に多かったことが関係している。そして、情報メディアは、動物にまで人々の身内意識を芽生えさせることがある。まだ覚えている人も多いと思うが、その例がアザラシのタマちゃんである。テレビで取り上げられなくなると、忘れられていくわけだ。

企業はテレビＣＭを繰り返し流すが、あれは商品のお知らせではなく、視聴者に愛を発生させ、忘れさせないことに狙いがあるということになる。そして、すでに視聴者の愛が発生してしまっている人気者をＣＭに登場させて、効果を高めようとする。

ただ、密に接することは愛だけではなく、憎しみを発生させてしまうことがあるから注意を要する。巨人戦のテレビ中継は巨人ファンだけではなく、多くのアンチ巨人ファンをも作り出したという例で納得できよう。とにかく、家族内での殺人事件の報道は多いし、殺人事件が起きれば、警察は身近なものから捜査を始めるのだ。

旅行に行くと、「ここが好きでね」といって、毎年訪れる人の話を聞くことがある。観光地もまたファン作りが欠かせないのだ。そして、ファンになるのは、地元の人に親切にされたなどがきっかけになることが多いようだ。不親切な扱いを受ければ「二度とくるものか」ということになってしまうだろう。

「地元が一丸となって魅力的な観光地づくりに取り組む」との声を聞くことがあるが、それには、観光客をファンにしてしまうとの意識が必要なのだ。マニュアル化というのがあるが、あれはサービスの質を高め、安定させるためであって、ファン作りとは違う。

4、「愛の集団」が生きがいを創る

愛の行動は社会的基準も伴う
人間は愛に満ち溢れた存在である。愛は美味しいものを食べたいと同じように自己欲求であるからこそである。
とすれば、この豊富な愛をうまく利用して、みんなが満足して暮らせる社会を創れるような気がしてくる。困っている人にはお金が届けられ、寂しい人のところには話し相手が訪れる。

病気になれば、医師が治療にやってくるのだ。

現実には、こんな社会は実現していない。これは、愛には特殊な性質が備わっているためである。

まず、自分の子どもには十分与えるが、他人の子どもには与えないというように「愛は偏在化する」との性質をもつ。結果として、困っていても救われない人がたくさん出てきてしまう。

そこで人間は「愛の制度化」ということを考え出した。すなわち、人間の満ち溢れる愛を一箇所に集めて、困っている人に配分しようとの試みである。この代表的な例が生活保護制度である。医療保険制度などの社会保険にもこの要素が含まれている。

しかし、「愛の制度化」を行うと、人間の愛は後退してしまう。身内のためならば愛を施しても惜しくはないが、どこの誰のためになるかがわからないのでは、進んで愛を施そうとは思わないものだ。それでも、気の毒な人を見れば助けようと思うのだから、消えてしまうわけではないが、普通は自分の生活レベルを落としてまで与えようとはしない。

これでは、「愛の制度化」を行ってもそううまく機能しないように思える。実は、「愛の制度化」の機能性を高めるために、人間の他の欲求を利用する方法がとられてきたのだ。私達は、愛の気持ちがなくても、愛の行動とまったく同じことをすることがある。

たとえば、電車でお年寄りが立っていると、席を譲る。被災地に義援金をおくる。この行動を、愛の感情で実行する人は多いと思うが、こうあるべきだとの社会的基準に反応してそうすることもまた多いのである。両者の動機が混在して行動するのが普通かもしれない。

「ほめられ欲求」で変わる行動

人間は強力な「ほめられたい」「評価を受けたい」との欲求をもっている。その裏返しである「けなされたくない」との欲求も強い。社会的評価の高い行動を実行すれば、評価されたような気になれるとともに、これでけなされずにすむということでほっとできるのだ。

「困っている人に愛を施しなさい」といくら説教したところで、愛の感情を変えることは難しかろう。一方、「困っている人に愛を施すことはたいへん重要なことだ」と繰り返せば、愛の行動の社会的評価が高まる。

とすれば、「ほめられ欲求」を通じて、人々の行動を変えることはできるのである。この筋道を通して、多くの人が救われたことだろう。「愛はすばらしい」と繰り返すことは世の中の不幸を解消する上でやはり重要なことなのだ。

もうひとつ、「愛の制度化」を補強する要素として強制力がある。しかし、社会の構成員がその制度に賛成しなければ、長続きはしないことを理解しておく必要がある。

今日の市場経済では、「愛の制度化」は社会システムの一部を担っているにすぎない。もっと徹底させて、互いに身内意識をもち、他の構成員のために働いてみんなが満足できる社会ができれば、と考える人はいるだろう。これが共産主義社会の理想だといってよかろう。マルクスの言葉に「…各人は能力に応じて（働き）、各人には必要に応じて（配分する）」というのがあるが、これである。

実は、この理想が機能している集団が世の中には無数にあるのだ。それが家族である。父親は外で働いて所得を稼ぎ、母親は家事育児を担当している家族はなお多い。親は能力に応じて働いており、子どもたちは必要に応じて配分を受けるのである。

社会の構成員が他の構成員に対して家族と同じような愛の感情を持ち得るならば、共産主義社会はうまくいくはずだった。ところが現実には機能しなかった。そして、理想と現実のギャップを強制力で埋めざるを得なかった。この強制力に対する反発が共産主義を崩壊に導いたとの解釈ができるのである。

ところが、村単位のような小規模な範囲では、原始共産制といわれるような体制が機能した例はけっこうあったという。南太平洋にはまるで家族のように暮らしている数百人規模の集団が現に存在するという。大昔だが、土地の共有性のもとでの共同体が長い間存在し続けたことが知られている。

それではなぜ、地域的範囲を限定すると「愛の集団」が機能し、国家というような広域的範囲ではうまくいかなかったのだろう。これは、愛が発生する条件である「構成員が密に接する機会」があるかないかによる。

村のようなところでは、共同作業が多く、しょっちゅう互いに顔を合わせているから、自然に身内意識が生まれる。困っている人がいれば、この人を助けられれば自分の満足度が高まるとの筋道ができてしまうのだ。もちろん、お互いに「密に接する」機会があっても、憎しみが発生したり、「愛の偏在化」が起きるのは避けられない。

これに対する対応はやはりルールを作ることであった。集団のなかには身内意識を持ちうる人はたくさんいるのだから、自分の負担が大きくなっても、これらの人が困ったときに助けられるルールに賛成できたのである。

市場化でうすれた「愛」の要素

一方、広域的地域では構成員のほとんどが見ず知らずの人であり、この人たちに自分の労働の成果を分け与えるとの動機は生まれないのだから、「愛の集団」にはなり得ない。無理に「愛の集団」をつくろうとして、強制力を用いざるを得なかったのだ。

人間の愛の性質に関する理解を間違えると取り返しのつかないことになるので、十分に注意を要する。

従来の日本企業には、「愛の集団」としての要素が多分に存在していた。共同作業が多く、構成員の企業間移動が少なかったことが大きい。「家族的経営」という表現まであった。それが、競争が激化し、企業間の流動化が進み、個人ベースの仕事が増えるにつれて、「愛の集団」としての要素がうすれてきた。

おそらく、日本企業に「愛の集団」としての要素を取り戻すべきだ、と考える人がいるだろう。しかし、今日のグローバル化、市場化といった社会環境変化の背景を理解すれば、元に戻すのは非現実的である。新しい経済環境に不適応を起こして日本経済がさらに停滞してしまう危険さえある。

今日、高齢化が進み、また多くの人が生きがいを求めている。これには、別の形で「愛の集団」を創り、そこでニーズを満たすことが考えられる。市場競争にさらされていない集団が社会的に期待されている（評価がある）目標を設定し、みんながその達成のために役割を担っているとの意識をもてれば、喜びを共有しながらいきいきと行動ができるだろう。

もちろん、人によって、体力や能力は違う。それでも「愛の集団」ならば、ちょうど家族のように、互いに助け合いながら、挑戦をし、うまくいったときには達成感を共有できるだろう。もちろん、スポーツチームでもいい。

日本にはこのような集団がたくさんできているが、求める人が参加しやすい「愛の集団」がさらに育っていくことが期待される。

5、恋人と配偶者の選び方が違うわけ

朝の通勤電車はいつも4両目

スーパーの食料品売り場には、多様な食品がところ狭しと並んでいる。こんなに多いとどれを買ったらいいか選択に困る。百貨店のネクタイ売り場に行っても同じで、買いたいネクタイがなかなか決まらない。現代は商品の選択肢が大変多い社会である。

選択肢の多さは商品だけではない。今は、生活を楽しむことに人々の関心がいっているが、私たちが選択可能な余暇活動は1千種類を超えるのではなかろうか。

スポーツ、音楽、映画、芸術関連、室内ゲーム、ギャンブル、旅行などである。なかでも、旅行が趣味だという人は多いのだが、旅行先の選択肢は大変多く、海外まで広がっている。

今の世の中、職業の種類は膨大である。日本職業標準分類というのがあるが、一冊の冊子にまとめられているほどである。

そして、自分の能力や好みなどを勘案して、これらの膨大な選択肢の中から職業を選ぶことができるのだ。就職先の選択肢である会社の数は150万社（平成18年事業所・企業統計調査）もある。

結婚相手の選択肢も膨大である。昔は、結婚相手を親が決めることが多かったが、今や、世界中の異性の多くが潜在的な相手になりつつある。

今日はこんなに選択肢の多い社会なのだから、いつでも好みの対象を自由に選べるような気がする。しかし、自由な選択をしているという実感がない人が多いのではなかろうか。選択すればできないことはないのに、何故かその権利を放棄しているようにも思える。

朝食はいつも同じようなものを食べる。いつも朝の通勤電車は4両目に乗る。顔なじみがけっこういるのだから、他の人も同じような行動をしているのがうかがえる。

大学では、毎年同じようなことを学生に教える。昼食は学食で食べることが多いが、メニューが豊富というわけではない。帰りがけに、飲み会に参加すれば、いつもの店でいつもの酒を注文してしまう。

休日には余暇活動もすることがある。山を歩くのが好きだが、普段はウォーキングかコンピュータ相手にマージャンか将棋をするぐらいである。

結婚と就職は「長期の選択」

膨大な選択肢をうまく利用していないのは、筆者だけではないだろう。

この現象を理解する一つの鍵は、選択を「長期の選択」と「短期の選択」に分けることにある。「長期の選択」とは一度選んでしまうと、その選択結果が長期に及び、当分他の選択肢を選び直すことが難しい選択である。

一度結婚してしまうと結婚相手を代えるのはやっかいである。就職をしてしまうと、他に職場を変えるにはなにかと手間とコストがかかる。また、営業職の人がエンジニアになるには、学校に通って技能を身につけ直さなければならない。

結婚相手、就職先、職種の選択は「長期の選択」だということになる。もちろん、どこに居を構えるかも「長期の選択」である。趣味を変えるのには、そのための能力を改めて磨かなければならないから、これも「長期の選択」に属する。

「長期の選択」を行うときには、たしかに選択肢はたくさんある。そんな中から、自分が就きたい職種や就職先を選ぶ。結婚相手を選ぶ。居住場所を選ぶ。趣味を選ぶ。もっとも、全ての選択が思い通りに行くわけでもないのだが。

「今日の昼食」は「短期の選択」

こうして「長期の選択」を行ってしまうと、それが「短期の選択」を制約する。

職場と居住場所が決まると、朝家を出る時間、乗る電車と車両さえも決まってしまう。仕事が終われば自由の身だが、結婚していると、早く遊びを切り上げて家に帰らねば家庭の雰囲気が悪くなることがある。登山だけが趣味の人はゴルフ道具やテニス道具には興味を示さない。

結果として、選べるはずの多様な選択肢を放棄することになる。このように膨大な社会の選択肢の大部分は、個人にとっての選択肢ではなくなってしまうのだ。

これを、逆から見れば、個人が必要を感じる短期の選択肢は、その個人がどのような「長期の選択」を行ったかによって決まってくることになる。

個人相手に市場調査をするときは、まず属性を書いてもらう。その多くは「長期の選択」項目である。これと、「短期の選択」を組み合わせて分析をするのは理にかなっているわけだ。

また、人々の「長期の選択」の傾向は変わるのだが、それを知れば、「短期の選択」の変化の予測が可能になってくる。

「長期の選択」の変化として、「長期の選択」の短期化がある。雇用市場が機能するようになれば、比較的簡単に就職先を変えることができる。

昔に比べれば、離婚もかなりしやすくなった。少なくとも、世間の目をあまり気にしないですむ。

このとき、人々の選択基準は変わり、選択行動が違ってくるのだ。

「長期の選択」のやり直しにコストがかかれば、慎重にならざるを得ない。そして、間違えると、長期にわたって後悔することになる。

就職先や職種の選択はまさにそうである。配偶者選びに失敗すれば、「百年の不作」を我慢しなければならない。となると、冒険はできない。どうしても無難な選択になってしまう。

恋人と配偶者の選択基準は違うというが、もうおわかりのように、選び直しがしやすいか、しにくいかの違いの影響である。取り替えがきけば、冒険ができる。無難な人ではなく、インパクトの強い個性的な人が選ばれる傾向が強くなろう。

選ぶ側の選択基準が変われば、選ばれる側もそれに合わせて変わらざるを得ない。そうしないと、いい思いができないからだ。

「長期の選択」の内容が変わり、それが短期化していく過程で人々の選択行動が変わる。このような視点で眺めることで、人間行動を論理的に捉えることが出来るのだ。

6、人は選ばれていい思いをしたいが

就職や結婚で「選ばれたい！」

選挙になると、候補者の名前を大きく書いた看板を掲げて選挙カーが走りまわる。「この候補者を選んでくれ」とのお願いのためである。

また、選ばれるために大変な費用をつぎ込んでいるのが商品を供給する企業である。テレビをつければＣＭが目に飛び込む。街には宣伝用の看板がところ狭しと掲げてある。新聞を開けば広告が目にとまる。日本の総広告費は６兆円近くにもなるという。消費者の商品選択の拠り所となるブランドを確立しようとの戦略である。多くの消費者に選ばれれば、売り上げが増え、売り手は利益が手に入るのだ。

実は、選ばれるために大変なコストをかけているのは、選挙候補者や企業だけではない。個人もそれをやっているのだ。

子どもたちは、世間的に評判がよいとされる大学に選ばれようと、激烈な受験戦争を戦っている。それには、相当な犠牲を伴うが、それに見合うだけのものが期待できるからだろう。い

い会社に就職できるとの話はよく聞く。

人生には、選ばれればいい思いができる機会は多い。懸賞論文や音楽コンクールで入賞すれば賞金がもらえる。

しかし、それよりも就職先や好きな人に選ばれるほうが重要だろう。一流といわれる企業に就職できれば、高い賃金をもらいながら、経営破綻の心配をしないで働ける期待が持てる。

男性は気立てのよい美人と結婚できればとの希望を持っていよう。女性にも条件がよい男性と結婚できれば経済的に安定した生活ができるとの期待感があろう。

偏差値は企業のリスクヘッジ

そうなるためには、よりよい人に選ばれるように教養を身につけるなど自分を磨かねばならない。しかし、単に自分で勉強しただけでは信用してもらえない。どうしてもその保証が必要になる。

その一つがブランド大学の卒業証書というわけである。証書があれば堂々と履歴書に書ける。これで自分の個人ブランドが高まったわけである。

このときの大学ブランドは偏差値によって格付けがなされてきた。受験生は偏差値の高い大学に選ばれようとしのぎを削ったのである。結果として、大学は偏差値を基準とした学生の選別機能を持つことになった。大学も偏差値の高い受験生に選ばれようと工夫をこらした。

企業にすれば、利益をもたらしてくれる人材がほしい。しかし、面接や筆記試験だけでは人材の判断が難しい。そこで、選別の拠り所として採用担当者が用いたのが、偏差値によって裏付けされた大学ブランドであった。

少なくとも採用担当者は大学ブランドの利用が採用のリスクを小さくすると実感しているのだろう。だからこそ、受験生は偏差値の高い大学に選ばれようとたいへんな犠牲を払う動機を持ったのだ。もちろん、企業も偏差値の高い大学の学生に選ばれるように努めてきた。

偏差値と、企業が必要とする能力がある程度一致していたからこそ、こんな現象が見られたのだ。現実には、偏差値が高い大学のすべての卒業生が企業に利益をもたらしてくれるとは限らない。それでも、一昔前の日本企業なら定年まで雇い続けた。ブランド大学に入学できれば長期の「選ばれ得」も期待できたのだ。

それが、環境が厳しくなって、常にリストラの対象になる心配をしなければならなくなった。それだけ見返りは小さくなり、その分ブランド大学指向は弱まるとも考えられる。

さらに、偏差値と企業が必要とする人材が一致しない方向に経済環境が変化しつつあるようだ。

従来は、商品の市場がよく見えていた。その場合、商品の質を高め、効率的に生産することが企業を成長させ、利益をもたらした。これには、理解力があり勤勉な人材が必要とされた。その能力は偏差値が高いことと一致したことだろう。

ところが、市場が見えなくなり、市場を創造的に捉えられるセンスを持った人材などが求められるようになる。たとえば、客を集めるにはどうすればよいかに答えをだす才能の持ち主である。資金運用にも特殊な才能がいる。

これらの能力は、偏差値の高さとは必ずしも一致しない。そうなると、企業にとって従来の大学ブランドだけに頼ることのリスクが高まってくる。採用担当者が悩まざるを得ない環境であるが、なお大学ブランドは幅をきかせているところを見るとリスクヘッジとして使える指標が他にないということか。それとも、企業の方がそう変わってないということか。

和裁や料理よりブランド大学

結婚相手としての条件も変化している。かなり前の時代だが、結婚前の女性は花嫁修業というものをやった。洋裁、和裁、料理、華道、茶道などの免状を手に入れようとしたのである。望ましい奥さんの必須条件とされたからである。「花嫁学校」という言葉まであって、この種の学校がけっこう繁盛していたのだ。

時が過ぎ、着るものは店で買うようになり、外食産業を含め家事を簡単に済ませられるような商品が普及していった。また、女性の社会進出が進み、共働き世帯が増えていく。こうして昔の花嫁ブランド項目は消えていった。

一方で、経済環境が厳しくなった結果、所得獲得能力を表す項目が花嫁ブランドとして注目されるようになったかというと、必ずしもそうは見えない。女性の大学進学率が高まったのは、結婚しない傾向が強まるなかで、より有利な条件で自分のために所得を稼げるようになるためが大きいようだ。

そうなると、男性が結婚相手を選ぶときにブランドに拠り所を求めることができなくなってしまう。これが、選択のリスクを高め、結婚が成立しにくいひとつの要因になっているとも考えられる。

まさに、選択者にとって従来型のブランドに頼りにくい時代がやってきた。

就職や結婚の分野でやり直しがしやすくなりつつあるが、それで選択者の高まったリスクが緩和されるという面が一つある。さらに選択リスクを引き下げる新ブランドが登場したり、選択代行業などの判断ビジネスが現れるかもしれない。

7、「伝統」や「元祖」が歓迎されるわけ

クラシック風の車は作れるが

携帯電話のニューモデルが出ると、すぐに買い換える人がいる。旧型よりも新型のほうが性能が高いと思ってのことだろう。昨日の新聞や先週の週刊誌を読もうとする人は少ない。野菜

や魚などの生鮮食品が古くなることを鮮度が落ちると表現するが、新聞や週刊誌も鮮度が落ちるのである。そして、生鮮食品を含め鮮度が落ちると、店頭から姿を消してしまう。

しかし、すべてが古くなると価値がなくなるわけではない。クラシックカー行進のイベントがあると、多くの人が集まり、憧れの眼差しで眺める。かっこいい、個性的だと思うのだ。

これらの車には相当な対価を払わねば手に入らないものがある。だとすれば、みんなが魅力を感じるクラシックカーを大量生産すれば儲かるとのアイデアが浮かぶ。いまの技術をもってすれば、高い値段がついているクラシックカーそっくりのものを、安いコストで作り上げることは容易だろう。

しかし、そんな戦略をとる大手自動車メーカーの話は聞かないから、そうは売れないのだろう。再生産不可能な希少性こそが価値を高めるのであり、昔生産された本物でなければ買い手がつかないのだ。

性能のよい車は持て囃されるが、それを上回る性能の車が開発されれば価値は下がる。しかし、本物の古さは再生産がきかないからその心配はない。そして、人間は他人の持っていないものを持ちたいから、希少性にお金を出すのである。

土器は〝より古い〟ほうがよい

もっとも、古さは絶対的なものではなく、古さの競い合いが行われ、価値が下がる場合がある。それは、より古いものが発見されたときに起きる。古代のより古い住居跡や土器が発見されたとか、より古い時代の人骨が発見されたなどである。古さの発見を偽装する人まで現れる。同じように古いものでも、意味付けがなされると、価値がぐんと高まる。秀吉が使った茶道具となればたいへん珍重される。旧家を訪ねると、家宝なるものを見せてくれる。多くの場合、先祖が手柄を立てて殿様など歴史上の有名人からいただいたものだとの説明を受ける。こうした意味付けをされた古いものには滅多に競争相手は現れない。

お寺が観光名所になっているところがある。そのお寺には建立の由来を書いた立て札が立っている。それを読むと寺を開いた人が登場してくるのが常だが、その人は歴史上で名を知られた人が多い。

人は歴史を尊重する。自分のいまの存在や環境と密接に関係するからだろう。そして、歴史は物語の舞台になることもあって、多くの人が歴史を知っており、その歴史に登場する人物を同時に尊重する。だからこそ、その人物が関わったものに価値を認めるのだ。

観光にきて、お寺の立て札に自分が知っている歴史上の人物の名を見れば、親しみを感じるし、「あそこに行ってきたよ」と自慢ができる。たとえ知らなかったとしても、偉大な貢献をした人だとの説明を読めば、そこに来た意義をより強く感じるものである。

観光地では客を呼ぶために歴史的場所を発掘し、関わりの深い歴史上の人物を登場させる。観光地の中にある複数の名所旧跡を正当に収まる物語をもって結びつければ、もっと集客力が高まる。

この地の立て札の説明に登場する人物を主人公にした連続テレビドラマが放映されれば、さらに多くの人がこの観光地にやってくる。ドラマの登場人物に情が移り、自分の知り合いがこの地で活躍したような気になれるのである。みんなが知っているから、帰ってからの自慢のしがいも高まるというものである。まさに「有名な古さ」が価値を高めるのだ。

企業は、「古さ」をブランドとして利用することがある。お店の看板に創業100年とか200年とか書いてあるのをよく見る。売り上げに効果があるからこそだろう。

それは、商品の希少性にありがたみを感じるからではない。買っていくのは、店に並んでいるできたての商品である。老舗でお菓子を買うと、立派な和紙に印刷された商品の由来を書いたものが箱の中に入っている。そこには歴史上の有名人がよく登場する。これで、お寺参りと同じように、この店で買うことに顧客がありがたみを感じるのだろう。

「元祖」争いが起こる理由とは

それ以上に顧客がこの店を選ぶ理由がある。いま店が存在しているということは、長い間つつがなく商売をやってきた証拠であり、新参者よりその分安心できる。これは価値あるブランドだから、それを損なうような目先の利益に目がくらんで客をだますようなことはしないと信じられる、ということだろう。

現に、企業は創業50年とか100年とかを大々的に祝って世間にアピールする。マスコミに取り上げられれば効果はさらに高まる。

数年前、老舗料亭などで偽装事件が相次いだが、経営者が古さという高いブランド価値の維持の重要さを忘れ、目先の利益を優先してしまったとしか考えようがない。

元祖争いが話題になるときがある。古さには、どれだけ時間を遡れるかが問われるが、元祖争いは誰が一番先に始めたかということだから、古さとは少々違った概念である。

そして、店の看板には「元祖」という文字を見ることが多いのだから、やはり、元祖はブランド価値を持つのだろう。元祖とは、その商品の開発者であり、「本物」とのイメージを抱かせるということだろう。新参者が元祖に負けない商品を販売したとしても、「人真似」とのイメージがなかなか抜けないわけだ。

組織のトップは、挨拶などで「伝統」という言葉をよく使う。この言葉から古臭さを感じる人がいるかもしれないが、「伝統」は信頼の元になるとのはっきりした理由があり、やはり組織のブランドイメージを高める要素なのだ。これに、意味付けが出来ればさらに有効である。

8、人々はなぜ都市に住みたがるのか

ごみごみした都市部が好き?!

沢のせせらぎが聞こえ、小鳥がさえずり、窓を開けると朝日に照らされた山々が美しく連なり、林を抜けて来た風が気持ちよく頬をなでる。朝食前に散歩をしたくなる環境である。

このようなところに住みたいと思う人は多かろう。決して地価は高くはないから、その気になれば住める可能性がある。ところが多くの人々はたいへんな住居費をかけて、建物が密集している場所に好んで住もうとする。結果として、人口密度の高い都市なるものが形成される。人々は風光明媚なところよりも、ごみごみした街中のほうが好きなのだろうか。

この現象を説明するには、人間が暮らしていくのにどんな要素が必要かを考えればよい。生活するには諸々の費用がかかるから、まずはお金を稼がねばならない。それには働く場所が必要である。働く場所は風光明媚なところではなく、人口の密集地帯に多く存在する性質をもつ。働く場所の遠くに住むと通勤時間がかかりすぎるから、人々は街中に住むことになる。

だが、いつもこうなるとは限らない。

大昔、たとえば江戸時代には、地方の人口が少ないところに働く場所はあった。大部分の人が農業で生計を立てていたからである。農村地帯は現代人の目で見れば風光明媚なところである。

もちろん、江戸のような大都市は存在したが、当時の権力者が租税等で農村地帯から購買力を大都市に移転させた結果であり、都市に住む人口の割合は大きくはなかった。

ところが明治以降、日本の経済発展が始まると、農業のウエートは下がり、かわりに都市部に主に立地される第二次産業と第三次産業のウエートが高まった。人々は働く場所を求めて農村地帯から都市に移動した。これが人口の都市集中という現象である。結果として、人々はごみごみした都市に住むようになったのだ（今日の都市部人口割合は86パーセント）。

「便利」とは「近い」ということ

ならば、お金を稼ぐ必要のない年金生活者はどうだろう。どこに住んでもなんら差し支えがないように思える。

実は、生活するにはもう一つ条件がある。現代人は商品を買って生活するから、買い物に便利な場所でなければならないのだ。娯楽施設、医療機関などのサービス施設も必要だ。「便利」とは、これらの施設を利用するのに時間がかからないことを意味する。そして、これらの施設は利用に便利でないと客が来ないから、人口密度の高いところに立地する必要がある。年金生活者としても、便利な生活をしようとすれば街中に住まざるを得ないのだ。

働く場所は、都市の中心地に多く存在する。東京のような大都市では、中心地に本社や官庁が立地する。地方都市でも大企業の支社支店の看板を多く見る。

都市の中心地は、周辺からの交通が便利だから企業などは人材を集めやすいし、他の企業が集まっていれば仕事がしやすい。同時に小売店などのサービス供給者にとっても遠方から多くの客を集めやすく、これらの業種も集まってくる。結果として、魅力的な商業集積ができる。とすれば、都市の中心地に住むことが、通勤や生活する上でも時間の節約につながる。そのため、中心地の取り合いになり、地価が上昇する。これに、中心地に立地しようとする企業の本社や支社、また商業施設などが競争者として加わる。

こうなると、中心地の取り合いはますます激しくなり、地価はさらに高騰する。そしてこの競争に勝つのは、中心地立地から大きな利益を得られる企業の本社や支社であり、商業施設などである。そして、住宅は周辺に追いやられる。

今日のようなサービス化社会では、働き場所は、特に都市の中心部に集まるから、周辺に住む人々は中心地への通勤を余儀なくされる。そして、この都市が発展すれば、中心地近くだけでは居住者を吸収できず、住宅地は郊外へと広がっていく。結果として、通勤時間は長くなる。

車型と鉄道型の街の形は違う

それでも人々は、できるだけ通勤時間の短い場所に住もうとする。大都市の主たる通勤手段は鉄道だ。だから、中心地につながる鉄道の駅の近くに住むことが通勤時間を短縮する。

みんながそう思うから、駅の近くの場所の取り合いが起こる。これに商業施設や金融機関の支店などの業務施設が参加する。そして、地価が上昇し、この取り合い競争に加われない人々はさらにその周辺に居を構えることになる。

大都市の場合は主たる移動手段が鉄道だから、鉄道網が都市の骨格をつくる。

一方、より規模の小さい地方都市になると、車での移動が主になってくる。これが大都市とは異なった都市構造を形成する。まさに、移動手段が何かということが都市の形を決める。人々は移動時間をできるだけ短縮したいから、移動手段がまったく変わってしまえば、都市の形も別のものになることが予想される。

たとえば遠い将来、行き先を指定すれば、空間をごく短時間で移動できる安くて安全な移動手段が開発されたとしよう。都市はどうなるだろう。

北海道の知床に住んでいる人が、東京の職場で仕事をし、大阪で飲んで知床に帰ることが簡単にできるようになれば、働く場所などとは関係なく居住地を定めることができる。そうなれば、多くの人が風光明媚なところを選ぶようになろう。本社や支社などの業務施設や商業施設にしても、都市部に集積する必要もない。現在の都市はその姿を消してしまうようにも思える。

このとき、時間とは違った他の要素が都市の構造を造る上でクローズアップされてくるだろう。考えられることの一つに安全（一軒家は物騒等）がある。他にも、下水道などのインフラのコストも関係してくるだろう。

しかし、これらの要素がどのような都市を造っていくのかについては、筆者の想像を超える。

9、なぜ不満も元気もない人が増えたか

オアシスが希望となる状況

このところ将来に夢が持てない、希望が持てない若者が多いとの話をよく聞く。内容は違うが、この現象は中高年まで及んでおり、社会の活力を奪っているようだ。原因として日本社会が閉塞状態に陥っていることがよく挙げられる。それは無関係ではないが、説得力に欠ける。

では、夢が持てる、希望が持てるとはどのような状況をいうのだろうか。それは、価値を感じられる目的を持ち得て、それを達成する手段が存在する状況といったらいいだろう。

例えば砂漠の中で道に迷い、疲れ果て、喉が渇き、水がなくなれば、希望を失い、へたへたと座り込んでしまうだろう。

この状況での価値ある目的は明快である。そう、もっとも大切な命をつなぐ水を手に入れることである。しかし、目的を達成する手段がない。だから、希望を失って座り込んだのである。ここに、近くにオアシスがあるとの情報がもたらされれば、この人は希望をとり戻し立ち上がり、オアシスに向けて歩きだすだろう。

では、この人がいつでも水が手に入る社会に戻ってきたらどうだろう。水を手に入れること

は価値ある目的ではなくなり、水を手に入れる希望を持てるかとの意識さえも消えてしまうだろう。

夢が持てない理由も同じである。音楽家になりたい、医師になりたいという夢を持っても、それを実現する手段が見つからなければその夢を諦めざるを得ない。また、音楽家や医師にはまったく関心がない人にとっては目的になり得ないのだから、この種の夢は持ち得ない。

夢を持てない、希望を持てない人が増えているとすれば、価値を感じられる目的を持てなくなったのか、または目的を達成する手段が不足しているのかのどちらか、あるいは両方だということになる。

現代では夢は「探す」ものに

1950年代の日本の生活水準は低かった。一方、日本人は米国映画をよく見ていたから、多くの人が「あんな生活をしてみたい」と憧れた。自然にこれが価値を感じられる目的になった。それを実現するには、自分の購買力を高める必要があった。経済が成長していたから、懸命に働けば賃金上昇が期待できた。さらに時間当たり賃金を高めるには高学歴が必要だった。子どもはよく勉強し、親は無理をしてでも子どもの進学を助けた。

事業家にとって利益を得るには成長商品を売り出す必要があった。米国というお手本があったし、市場が求めるものが見えやすかった。生産に必要な技術は先進国から導入できた。

まさに、全体としては夢が持て、希望が持てる条件を満たしている社会だったといえよう。結果としては、うまく目的を達成できない人はかなりいたのだが…。

現在はあの当時に比べれば、格段に豊かになった。夢や希望をかなえる手段はずっと豊富なのだ。にもかかわらず、夢が持てない、希望が持てない人が多いとすれば、まずは価値を感じられる目的を持ち得なくなっているとの想像がつく。

自動車を含めて、耐久消費財の普及率はかなり高く、飢えを我慢する機会はたいへん少なくなっている。このとき、昔のように「腹いっぱいご飯が食べたい」、「家庭電器に囲まれて生活したい」というのは価値を感じる一般的な目的にはならない。砂漠で喉の渇きに苦しんでいた人が現代社会に戻ってきたようなものだ。

この分野で明快な目的を持ち得ないとすると、豊かな社会においては、価値を感じられる目的を他で探さねばならない。「生きがい探し」はその例である。

もちろん、生活水準は上がっても、失業していたり、世間並みの所得を稼ぎ得ない人にとっては、「世間並みの生活をしたい」は目的になり得る。しかし、それを達成できる見込みがたたない場合には「希望が持てない」となるが、生活水準の低い時代にもそういう人は結構いた。

ただ、今日は経済が停滞しているから、収入が増えないし、職場も不足している。これが夢や希望を達成する予想を危うくしているところがある。また、やり直しがきかなくなっている高齢世代が増えていることも昔と違うところである。

不満も元気もない人が増加

十分に豊かな人々を見ていると、三種類の人がいることに気がつく。第一のタイプは「もっとお金が欲しい」と不満をいう人だ。いまの社会はお金さえ出せばたいがいのものは買えるし、たいへん高価な商品がある。それを手に入れることに価値を見出し、お金不足でそれを買えなければ不満をいう。目的は明快だが手段を手に入れる見通しがたたない人だ。

第二のタイプは、不満はなさそうなのだが元気がなくなっている人だ。価値を感じられる目的を持ち得ない人で、たとえ手段があったとしても行動のしようがないから活気が感じられないのだ。

第三のタイプは、いきいきと活動している人である。自分で価値を認められる目的をもち、達成しようと活躍している。

昔と違うのは、第二のタイプが増える環境にあることだ。すなわち、貧しいな時代には目的は自然に持てたが、豊かな社会では価値を感じる目的を自分で設定しなければならない。これができにくいことが社会の活性化を阻んでいるならば、価値を感じる目的を持ちやすくすることで、活性化した社会をとりもどせる。そして、同時に、社会的問題の解決につながる方法が一つあるのだ。

所得が低い社会において価値を感じる対象は、食欲を満たすなどの生活上のニーズ充足が中心だった。豊かになると社会的に評価の高い行動をしたいとの欲求にウエイトが移る。前にとりあげた「ほめられ欲求」の充足である。

一方、豊かになっても社会的不都合は多方面で発生する。環境問題のように、その解決が社会的に価値あることだと広く知らしめられれば社会的評価が高まり、人々はそれだけ価値を感じる目的を持ちやすくなる。参加をしやすくするなどうまく仕組めば、その実現に喜びを感じる機会を持つ人が増える。同時に社会問題が解決されていくのだ。

10、人は未来と過去を引き連れている

貧乏な頃は満腹なだけで幸せ

人間は欲求を満たしながらいまを生きている。空腹なのに食べるものがなければ不満だし、美味しいものを食べれば満足する。それだけでなく、未来と過去を引き連れている。未来を見通してうれしくなったり絶望したりする。過去を思い出して後悔したり、懐かしさに浸ったりする。そして、容易にいまの欲求を満たしえても未来に絶望していたり、後悔に苛まれていればば満足感を持って生きられないのだ。

貧乏なときは、空腹などいまの欲求が満たせないことが多々あった。その糧を得るのが先決で、空腹を満たせれば高い満足を感じ、過去や未来のことは二の次だった。人間はいつでもこ

のような欲求を満たせる生活を理想とし、この幸せを手に入れようと努力した。政府も、GDPを拡大させて、国民の所得を増やすことを主要な政策目標とした。

ところが、豊かになって多くの人がいまの欲求を容易に満たせるようになると、過去と未来についても満足を得られるようにしようという欲求が顔を出してくる。過去と未来の存在が大きくなってくるといってもいい。老後の生活が心配になってくる。自分の一生はこれで良かったのだろうかと気になってくる。

しかし、すべての人が一様にそうなるわけではない。豊かになると、人によって現在、過去、未来のどこにウエートを置くかが大きく異なってくるのだ。過去を重視する人がいれば、現在、あるいは未来を重視する人もいる。豊かになって余裕ができた人々は、こうした自分特有の欲求を満たしていく。

過去人間、現在人間、未来人間

「過去のことは忘れた。未来のことなど考えてもしょうがない。いまが楽しければいいのさ」という人がいる。これを「現在人間」という。

一方、未来にウエートを置く人々がいる。「未来人間」である。いま大変な努力をして、現在の生活を切り詰めても、望ましい未来の状況を想像することで満足を得る人々である。

この未来人間には二つのタイプがいる。一つは、未来を悲観的に見る人だ。未来のリスクを高く見積もるといってもいい。当然、このリスクを減らそうとする。未来の生活費が足りないことを心配して貯蓄を増やす。保険に入る傾向も強い。

もう一つは、未来の楽しいことを夢見て満足を得るタイプである。「夢を持たねば生きられない」と口に出す人がいるが、この典型である。そして、夢実現のために自分のエネルギーをつぎ込む。ただ未来を楽観的に見る人もいるが、これは未来人間ではなく未来を気にする必要がない現在人間である。

「ああすればよかった」と過去を振り返る人がいる。「過去人間」である。この過去人間にも二つのタイプがいる。一つは、過去の失敗についてくよくよ悩んだり、罪の意識に苛まれたりするタイプだ。

もう一つは、楽しい思い出が満足を高め、さらに、思い出を作ろうと行動するタイプである。旅行にいけばカメラのシャッターを押しまくる。日記をつける目的の一つもここにある。過去を豊かにしようとするのだ。この種の過去人間は「思い出づくり」のキャッチコピーにはからきし弱い。未来のために思い出を貯蓄するのだから、未来人間ともいえるが。

未来人間の親、現在人間の子

人間がこの世を生きていくうえで、もう一つ連れ歩いているものがある。それは「身内」である。家族はその典型だ。

親は、子どもが学校で良い成績をとれば舞い上がり、不幸な状況に陥れば胸を痛める。このようなかたちで繋がっているのが「身内」で、その種類も多様である。例えば巨人ファンにとって巨人は身内であるし、愛社精神溢れる人にとって所属する会社は身内である。

人間は、この身内の現在、過去、未来についても、満足できる状況に置きたいと願う。子どもに食事を与え、小遣いをやる。将来を心配して教育に金をかける。子どもの過去を豊かにするために写真を撮り、アルバムに残す。

自分の過去、現在、未来のウエートの置き方と、身内の過去、現在、未来のウエートの置き方は似たものになるが、自分の一部なのだから当然である。つまり、未来人間は身内の未来についても心配し、身内の未来に夢を持つのだ。

ところが、身内、たとえば子ども自身の過去、現在、未来のウエートの置き方は、親とは異なることが多い。親は未来人間だが、一方の子どもは勉強をせず、毎日遊んでいる現在人間的なこともある。これが親子の対立が起こる原因になる。子どもを心配する親は説教などをして子どもを未来人間にしようと試みる。

子どもの現在人間ぶりが無知から来るものなら、親の努力は報われるかもしれないが、そうでなければなかなか成功しない。親はあきらめるか、子どもが親の前でだけ未来人間のふりをするようになるか、親子の断絶が起きるかである。

現代は、豊かになり、本来の人間の多様性が顕在化した時代だ。組織には、過去人間、現在人間、未来人間が存在し、それぞれが多様な身内を連れている。これだけでも組み合わせはたいへん多くなる。これが、何を重視するかなど様々な考え方の背景にある。

組織は成果を挙げなければならない。だが、構成員の考え方が違う。所属する組織を立派に成長させたいと思う人がいれば、自分の能力を出来るだけ高めたいという人がいる。

一昔前のように、市場が見えたためリスクが小さかった時代には、みんなで協力してがんばりさえすれば組織は成長できた。人間の多様性が顕在化していないこともあって、リーダーにとって管理はそうむずかしくはなかった。

ところがいまの環境では、部下にがんばってもらうだけでは足りない。秀れた意思決定力と説得力を持ち、多様な考えの持ち主を引っ張っていく能力を兼ね備えたリーダーが求められてくるのだ。

これは、国の政治についてもいえる。

11、人には「感激型」と「痛快型」があるが「スポ根」には「努力」が不可欠

映画を見て感激することがある。心が強く動かされ、目頭が熱くなる。この感覚を味わいた

くて、人々は映画館に足を運ぶ。感激は満足を高める感覚なのだ。

では、どんなときに人は感激するのだろうか。感激を構成する要素はいくつもあるが、「努力」（苦労）と「期待以上」という要素は重要である。

右腕が動かない障害がある桂という少年が野球選手を夢見て1人で練習をしてきた。桂は高校に入り野球部に入部する。彼は何度も挫折を味わいながら、他の部員と対等な能力を身につけようと、大変な努力を積み重ねていく。初めはチームのお荷物扱いをしていた部員が桂の努力を見かね、練習に協力するようになる。

しかし、試合には出してもらえない。

3年生になり、夏の甲子園の予選が始まる。2回戦を突破したときエースが怪我をしてしまう。代わりの投手はおらず、監督は3回戦への不参加を宣言する。

このとき部員の1人が「桂に投げさせてやってください」と進言する。全員が「お願いします」と声を揃える。監督は心を動かされ、ぼろ負けを覚悟で3回戦への出場を決意する。桂はマウンドに立つ。仲間が声をかける。そして桂は8回まで3点に押さえる。仲間も実力以上の力を発揮し、4点をとってリードする。

いよいよ9回の裏だ。だが、ツーアウト満塁ツースリーになってしまう。誰の目からも桂が疲れているのがわかる。桂は「ここまでがんばってきたんだから」と、精魂をこめて直球を真ん中に投げこむ。バットは空を切る。一瞬の静寂の後、スタンドは大騒ぎになり、応援席ではみんなが手放しで泣いている。

まさに感激物語である。みんなが感激したのは、桂の日ごろの努力を知っており、期待以上の結果を実現したからだ。おそらく、1回にノックアウトされたら、「そんなものだろう」ということで、感激にはつながらなかったことだろう。

「水戸黄門」で拍手は起きない

感激物語には、この種のパターンが多い。力のないものが努力をして強いものを倒す、力のないものが努力をして困難を克服する、などである。

旅館に泊まり、そのサービスのよさに感激することがある。これも「期待以上」が直接関わっている。そして同時に旅館の「努力」に敬意を表するのだ。

もう一つ、人間は「痛快」の感覚を得ると満足を感じる。強い人が現れて悪人をバッサバッサとやっつけるなどは痛快物語の典型である。もちろん、その前に、弱いものに対する悪さをさんざん見せておいて、やっつけたいとの欲求を読者や観客に植え付けておかねばならない。「やっつけたい」という意識が強いほど、悪人が成敗されたときに痛快さを感じるのだ。もっとも、悪さの度合いがあまりにも残酷だと、それを見たくないという人もいる。悪事にも程度があるようだ。

痛快物語には『鞍馬天狗』や『水戸黄門』がある。この二つには違いがある。

昔の話になるが、鞍馬天狗が馬を飛ばして杉作を助けにやってくると、映画館の観客から拍手が起きたものである。ところが水戸黄門で拍手が起きることは少ない。

鞍馬天狗では、杉作が危機に陥り、観客がなんとか助けたいとの思いが強くなったとき、タイミングよく鞍馬天狗が現れるから拍手が起きる。水戸黄門はタイミングを重視しないから反応が異なる。同じ痛快物語でも味付けが違うのだ。

それでは、感激物語と痛快物語はどこが違うのだろう。感激物語には「努力」（苦労）がつきものだ。たとえば、敵討ちの物語であれば、まずは敵に負けないように自分の腕を磨くという努力がいる。そして、敵を苦労して探さねばならない。

ところが、痛快物語の主人公の「努力」は表面に出ない。鞍馬天狗にしても水戸黄門一行にしても、もともと強いのだ。

その人並みはずれた強さによって悪をバッサバッサとやっつける。つまり、感激物語では、主人公の努力や苦労の場面が主になり、最後にめでたく目的を果たす。一方、痛快物語では、身内や社会の危機を演出し、それを打開するために悪をやっつける場面が売りものになる。

「鞍馬天狗」が努力しない理由

人によって、感激物語が好きな人、痛快物語が好きな人と好みが分かれるようだ。感激物語が好きな人は、努力をして目的を達成することに喜びを感じるタイプだろう。達成の過程に意義を感じる人といってもいいかもしれない。

一方、人間には楽をしていい思いだけをしたいとの欲求がある。苦労はしたくないというわけだ。痛快物語は人間のこの欲求を満たしてくれる。

しかし、感激物語だけが好き、痛快物語だけが好き、という人は少なくて、「どちらかといえば」という人が大部分である。そのため、両者をとりいれて物語をつくることが多い。スーパーマンは痛快物語だが、スーパーマンが苦労をして困難を乗り越える場面をとりいれるのだ。感激物語でも、力をつけた主人公が最後に強敵をやっつけるなど痛快な場面をつくる。もちろん、純粋感激物語、純粋痛快物語に近いものもある。

感激物語が好きな国民性と痛快物語が好きな国民性があるように思える。米国人が日本人よりも痛快物語を好むのは、両国で製作された映画を思い出せば想像がつく。また、女性は感激物語を好み、男性は痛快物語のほうへ好みが偏っているように思うが、どうだろう。

社会環境、たとえば、好不況、社会の成熟度などによって、流行、人気タレント、求められるリーダーのタイプなどが変わるようだ。果たして経済が停滞してくると、感激物語が好かれるのか、痛快物語が好かれるのかは定かではないが、興味がひかれるところである。

その直前の好み現象の反動ということもあるから、この点を含めて、人々の好みと社会環境の間の関係を追究したら面白いに違いない。これがわかれば、それぞれの環境で社会が求めるものがより鮮明に見えてくるだろう。

第二章　ヒット商品を生み出す考え方

第二章　ヒット商品を生み出す考え方

1、「勝負の時代」に勝ちを納める法

経済環境に適応できない日本

このところ、日本の経済的衰退を示すデータが目に付くようになっている。その典型が、'93年に日本の人口1人当たりGDP（国内総生産）が世界第3位であったのが'06年には18位（OECDのなかで）まで後退してしまったとの結果である。その後、円高があって順位は少々回復しているが。

80年代までの日本経済は力強く、その後半には欧米の経営者が大勢、日本のやり方を学びに訪れたものである。もちろん、日本の経済成長率は欧米諸国をかなり上回っていた。それが、90年代に入ると、その活力を急速に失っていく。バブル崩壊がその原因とされたが、その影響が消えていっても、日本の相対的衰退は止まらなかった。

では、あれほどの活力を誇った経済がこんな短期間に力を失うなどということがあるのだろうか。それは日本人が怠け者になったためでもなく、知的水準が低下したためでもない。競争

が激化した結果、労働強度は高まっているし、日本の技術貿易収支（総務省調査）の黒字幅は縮少しているわけではない。

では衰退の原因は何か。経済環境が変わり日本がそれに適応できなくなったことにある。新しい環境に適応できず存在感を失っていった国や地域は歴史上に数多くあるが、それが日本で起こりつつあるのだ。

所得水準が低いときには、市場がよく見えた。人々が求める商品の機能的質を高め、安く生産できれば企業はいくらでも成長できた。経営方針に多くの選択肢があるわけではなかった。この時代を「生産の時代」という。日本人の価値観を一言で表現すれば、「みんなで一緒にがんばって、その成果を平等に分配しよう」ということになろう。そして、「生産の時代」にはこの価値観がうまくマッチし、日本人はみんなでがんばって大きな成果をあげた。ＱＣ（品質管理）運動はその象徴的なものであった。

「勝負の時代」には「才人」が必要

ところが、市場が見えない時代がやってきた。人々のニーズが機能を起えて多様化し、「これはいい商品だから売れるはずだ」という商品が売れないことが起こるようになった。そして、100の新商品を出して３つ売れればいいというような分野が広がっていった。

また規制緩和のなかで、時間と空間という次元を持つため製造業製品よりも多様になる必然性があるサービス商品の種類は激増した。まさに、新商品を市場に出すリスクが高まっていったのである。

こうしたリスクの高まりは資金運用、研究開発、経営方針の意思決定においても同様だった。この時代を「勝負の時代」とよぶ。

ただ、日本では、東アジアの生産力が十分高まらないなかで製造業が相対的に高い競争力を持ち続けたこと、またバブルが「勝負の時代」到来を覆い隠してしまったことで、顕在化が米国よりかなり遅れた。

市場が見えた「生産の時代」には、付加価値は生産の現場から生まれた。このときみんなで協力してがんばることが求められ、日本的価値観がうまくマッチした。それが「勝負の時代」になると、付加価値は企業としての意思決定から生まれるようになる。そして、意思決定をうまくやるには、がんばればいいという状況は過去のものとなった。

やはり、才能をもちその才能を磨いた経営者、研究者、商品企画者、資金運用者など、その道の「才人」（少数でいい）が力を発揮しなければならないのである。

プロ野球界のスター選手は「才人」だが、彼らは若いとき才能を磨き、幸いにドラフトで選ばれても、レギュラー選手にはなれないかもしれないというリスクを負っていた。そして、一軍選手として抜擢されても活躍できず、クビになるかもしれないというリスクを常に感じていた。それでも挑戦し続けたのは、成功したときの評価が素晴らしいからである。

日本の評価システムの特徴の一つは減点主義にあった。間違いを犯せば減点され、なかなか浮かび上がれなくなる。そして、組織のために目立った貢献をしても金一封ですまされてしまった。

まさに、うまくやれば税金でもっていかれ、損をすれば自分でかぶる株式投資のようなものだから、投機家は現れるはずがないのだ。「才人」を潰してしまうといってもよい。たしかに変わりつつあるが、まだまだ根強い。日本的やり方は、「勝負の時代」という環境で活発に勝負をしながら成長するようにはなっていなかったのである。

こういうと、自動車産業のように、極めて強い国際競争力を持ち続けているところがあるではないか、との声が聞こえそうである。自動車は四個の車輪の上に箱が載っているという意味では100年前から変わらない商品である。自動車産業はそれを磨き上げることで競争をしているわけだが、これは、日本の価値観にぴったりマッチしているものなのだ。違った概念の新商品を出し続けなければならない電気機器産業とは違うのである。

日本病を治療するには

90年代の停滞のなかで、経済を回復させようと財政政策や金融政策が活発に行われた。この結果が膨大な長期債務の累積であり、歴史的な超低金利であった。これらは構造が変わらないとの前提で経済を調整する手段であって、経済環境に不適応を起こした日本経済を変えるには無力なものであった。

　もう一つ、構造改革が行われてきた。これには、新しい環境に日本を適応させるとの発想があったろう。米国も70年代以降不振の時代が続いたが、規制緩和と税制改革を中心とした制度改革を実行し、たしかに経済は活性化した。しかし、社会システムは制度だけによって成り立っているのではなく、もう一つ「文化構造」、すなわち価値観の構造が主体の行動を制約するし、制度の実質的運用を変えてしまう。先に紹介した日本の価値観は、現に評価システムを支配しているわけだ。

　米国で行われた制度改革が米国経済を活性化させたのは、米国の「文化構造」が「勝負の時代」にうまくマッチするようになっていたからである。日本で制度改革をやっても、米国のように活性化しないのは、日本の「文化構造」が「勝負の時代」に機能するようになっていないからである。したがって、日本経済が停滞から脱するには、「文化構造」に手をつけざるを得ないことになる。

　日本の「文化構造」は江戸時代に形成されたものである。明治維新以降、日本は幾多の困難を乗り越えて逞しく成長できたのは「生産の時代」の環境が続いていたからである。ところが、ここ数十年の間に「勝負の時代」という環境に変わった。これをきちんと認識し、対応策を採らないと、日本は衰退の一途を辿らざるを得ないことになる。

　いま、少子化によって、日本の人口が減り、政府発表によると、今世紀末には6千万人ほどになるという。一方莫大な政府債務残高が存在し、高齢化する社会の中でなお増えつつある。結果として、日本人1人が負担する借金がどんどん増えていき財政破綻などどうにもならなくなる事態が予想される。

これを避けるには、日本病を完治させて経済の活性化を図らざるを得ない。原因がわかっているのだから、制度を変えるよりずっと難しいけれども治療方法は存在するのだ。もちろん、治療には副作用が伴うが、それを出来るだけ顕在化させない方法はあるだろう。

2、「ネアカ」が経済を成長させるわけ

「ネアカとネクラ」金の使い方

世の中には心配性の人がいる。街に出れば、ビルから何か落ちてくるのではと、歩道の車道側を歩く。プラットホームで、線路に近いところにいると何かのはずみで突き落とされるのではと、いつも線路から遠いところで電車を待つ。人間は家族が気がかりなものだが、子どもの将来の生活費まで心配になり、遺産を残そうとする。さらに、まだ見ぬ孫や曽孫の心配まですする人がいる。ネクラといっていいだろう。

一方、楽観的な人がいる。車が激しく行き交っている中を平気で横断していく。「人を轢け

ばただではすまないのだから、めったに轢かれることはないよ」などと、運転者を信頼している。「明日はなんとかなるさ」と手持ちのお金をなくなるまでどんどん使ってしまう。ネアカである。

このような心配性、楽観的の差はあるものの、人間は将来に心配事があるといまを楽しめないところがある。明日逮捕されるかもしれないとなれば、美味しいものも喉を通らないだろう。まさに、人間は明日の不都合を解消することで、いまの満足を高めようとするのだ。だからこそ、老後の生活が心配な人は貯蓄を厚めにするし、明日の健康が気がかりな人は身体に気をつけるのである。まさに、人間は自分の時間とお金を現在と将来にうまく配分しながら、いまの満足を高めようとしていることになる。

ただ、その配分のウエートが違う。ネクラは将来の不都合解消のために多くの時間とお金を使うし、ネアカとはいまを楽しむために時間とお金を使ってしまう人のことである。将来指向か現在指向か、といってもよい。

子どもがお菓子を食べるところを見ていると、よくわかる。美味しいお菓子から食べる子と、美味しいお菓子は最後まで残す子がいる。これも、現在指向か将来指向かの違いとみていいだろう。

「ネアカ商品」、「ネクラ商品」

ネクラかネアカかは本来の性格（遺伝子レベルの）といっていいだろうが、環境が行動の違いに大きな影響を与える。たとえば、「宵越しの金は持たない」は江戸っ子職人気質だが、これには「ネクラはダサい」との価値基準が含まれている。そして、けなされたくない人は社会の価値基準に反応して、お金を使ってしまったことだろう。

今日の日本人は「アリとキリギリス」の話が教科書に出てきたように、「将来のためにきちんと準備をすべきである」との教育を受けている。だから、「ネアカ」といえども世間の基準からそうかけ離れた行動はとれないのである。

また、「ネアカっ気」の強い地域と「ネクラっ気」の強い地域があるのに気づく。米国人の「ネアカっ気」は日本人よりもずっと強いように見える。

日本国内で、自然人の自己破産率という指標（自己破産率が高いほど「ネアカっ気」が強い）でとると、地域差がはっきりと出てくる。「ネアカっ気」が強いのは、大分県、宮崎県、熊本県など西に位置する県である。温暖な気候であるため準備の切実さがそう高くなかったということだろう。例外として、北海道があるが、これは、新開地であるため、世間の価値基準の縛りが弱く、比較的自由にふるまえる環境にあったとの想像ができる。一方、「ネクラっ気」が強い（健全といっていい）のは、富山県、長野県など本州の中心部に位置している。

人間は、将来の不都合を解消して、いまの満足を高めようと行動している。とすれば、現在の満足を直接高めるのに手を貸す産業（「ネアカ産業」といってよかろう）と同様に、将来不都合の解消に手を貸す産業（「ネクラ産業」といってよかろう）が存在するはずである。保険業、教育産業、健康産業が「ネクラ産業」の典型である。お寺や神社では商売繁盛などの願い事をするのだから、これも「ネクラ産業」に属するとしてよかろう。

一方、観光地の旅館、スポーツ施設、飲み屋などのレジャー産業が「ネアカ産業」である。そして、この二つの産業群は競業関係にある。人々が明日のために準備ばかりしていたのでは、レジャー産業は上がったりである。日本人は保険加入率が高く、教育熱心なのだから「ネクラ」に偏っているとしてよかろう。そして、国際比較をすれば、「ネクラ産業」のウエートが相対的に大きいとの結論が出ることだろう。と同時にこの二つの産業の戦略は大きく違うのだ。

人間は、楽しくないネクラな行為などしたくないのである。だからこそ勉強嫌いな人が多いのである。勉強など止めて遊びに行きたいのである。貯蓄をしなければ楽しいことにお金を使えるのである。それでも、ネクラな行為をするのは、将来の不安を解消しないといまの満足が高まらないからである。とすると、ネクラ的行為は効率的に済ませたいということになる。

今日、さまざまなダイエット法がビジネスになっているが、「簡単に」、「我慢なしに」が売り物として宣伝されるのだ。究極の「ネクラ商品」は眠っているうちに知識が身につく枕ということになろう。

不景気市場を活性化するには

しかし、現実には、「ネクラ産業」といえどもそう簡単に将来の不都合を解消できるわけではないし、客に我慢を強いてしまう。そこで「ネクラ産業」がとった戦略の一つが「ネアカ的要素」をとり入れることであった。面白い授業が受けられる、楽しみながら健康増進がはかれる、などである。また、人間は目標を設定し、それに近づくことから満足を得られるから、この挑戦の要素を組み込むことがもう一つの手段になった。ダイエットなら頻繁に体重等を測定し、進度表を示すことで挑戦意欲を高めるのである。予備校ではしょっちゅう模擬試験をおこなって、結果を張り出すが、これも同じことを狙ったものである。

ネクラの価値観が支配的な社会では、手放しで今を楽しめないところがある。パーティ会場では、美味しい物を目の前にして、エライ人がつまらない挨拶（けっこう長い）をするのが常だが、これを我慢することが「いい思い」をする罪滅ぼしの意味を持つのだろう。そして、旅行会社はパッキング・ツアーに研修的要素を含めることで、「ネクラ」の客を集める手段をとったということである。自分に対して言い訳ができるから参加がしやすいのだろう。

日本の会社に勤めている人は、昔も今も有給休暇をとって物見遊山の旅行に行きにくいところがある。事実、有給休暇の取得率は半分を下回っているのだ。面白いことに、実態は違わなくても、「旅行」の前に魔法の二文字をつけると会社が旅費まで出してくれることがある。これが「研修」と「調査」である。これは右の延長線上にあるといってよかろう。

社会が変わり、ネクラ基準に縛られていた人々も、次第に世間体を気にしなくても生きられるようになってきている。そして、「ネアカっ気」丸出しの人が目につくようになっている。

これが、貯蓄率を低め、慢性的需要不足経済を改善する方向に働くだろう。増えたネアカ需要によって、純粋「ネアカ産業」が多く成立するようになり、日本が楽しい社会に変わっていくとの期待がもてる。

しかし、このようなネアカが増えすぎたら、日本がはたして成り立っていくのか、との心配が頭をもたげてくる。これはネクラの杞憂であればよいのだが。

3、時間節約型商品が伸びるわけ

約束時間に追われて急ぐ人々

朝の通勤時間帯に通りに出ると、駅に向かって多くの人が歩いているのを見る。そのスピードはたいへん速い。まるで競歩のようだ。走っている人もいる。駅では階段を駆け下り、閉まろうとしている電車のドアに突進する。「無理な駆け込み乗車はおやめください」との駅構内放送を聞く頻度の多いこと。ビジネス街の飲食店の回転率もまた高い。落ちついた食事を楽しむ時間がないということだろう。

人間はなぜこのように急ぐのだろうか。限られた寿命のなかで、できるだけ多くのことをして満足を高めたいのだろうか。そうではなく、目の前の時間約束を守ろうとして急いでいるのだ。約束を破るとなんらかの制裁を受けてしまうからだ。遅刻が重なると給料に響いてくる。報告書の提出が遅れると、上司の評価が下がり、出世が遅れかねない。お得意先との時間約束を破れば、信頼を失って取引を続けられなくなるおそれがある。

約束時間を決めるのは、時間当たりの仕事の効率を上げるためであるのは直感的に理解できる。そして、多くの経済変数は時間当たりになっている。賃金、利益、金利、みなそうである。ではなぜ忙しくしてまで、一定の時間内に多くを稼ごうとするのだろうか。

それは、人間の欲求は時間とともに発生することと関係する。朝食をすませて5時間もするとお腹がすくから昼食をとる。そして、さらに時間が経過すると夕食を食べたくなる。その間、喉が渇くし、なにかをつまむ。日に一度は風呂に入りたいし、下着を換えたい。日に7時間程度の睡眠は必須である。そして、ときどき、スポーツを楽しみたくなる。

欲求を満たす消費財の獲得に

これらの欲求を満たすには消費財あるいはそれを買うためのお金がいる。としても、お金はのんびり稼げばいいではないかとの考え方があろう。しかし、それでは、欲求のほうが待ってはくれないのだ。

人類はいままで、欲求の発生とそれを満たす消費財の獲得という時間軸での競争をしてきた。そして、消費財の獲得に遅れをとると、不満を残したまま生きなければならなかった。下手をすると死に至ることもあった。時間の経過につれて生まれる欲求を、より多くの消費財を使って満たすことが高い満足につながったのである。

時間当たりの消費量を増やすには、より多く稼がねばならないが、その有力な方法が労働時間を増やすことであった。しかし、それでは、睡眠時間、食事の時間、遊びの時間を減らさざるを得ず、かえって不満が高まってしまう。この時間制約を突破するものこそ、仕事の効率を高めることだったのである。時間約束はその手段の一つである。

現実には、技術が進歩して、仕事の効率はかなり高まった。そして、週休2日制の普及もあって、昔に比べれば労働時間はかなり短縮した。にもかかわらず、人々は前よりも多忙感を感じるようになっている。

多くの人がアンケートで「睡眠時間」を増やしたいと答えているのだが、日本人の睡眠時間は長期的に減ってきている。忙しくなって、自分の行動が24時間におさまりきらなくなり、睡眠時間に皺寄せされていることがうかがえる。

では、なぜこれほど忙しくなったのだろう。これには、いくつかの理由がある。一つは、時間約束を守らねばならない機会が増えたことである。

農業社会では、分刻みという正確な時間を守っても高い効率につながるわけではなかった。それが、工業社会になると、生産ラインが回り始めるとともに一斉に生産活動を開始すること（始業時間を守ること）が、効率的生産にとって決め手となった。

さらに、サービス化社会になると、本社等で働く人の仕事に見るように、時間約束をともなった多様な仕事をこなさざるを得なくなる。忙しいビジネスマンの手帳をのぞき込むと真っ黒になるほどに予定が書きこまれている。そして、この時間約束を破ると、相手の時間を無駄にしてしまい、信用を失い仕事がしにくくなるのだから、なんとしても守ろうとする。

もう一つは、時間競争が激しくなったことがある。情報分野がまさにそうである。経済情勢に関する、また企業の業績に関する情報がいちはやく手に入れれば、株式投資で大儲けができる。情報産業（企業内情報部門も）にとっては、この種の情報を集め、それをすばやく提供すれば報われるのである。情報化社会の進行は人々を忙しくさせるのだ。

さらに、生活面にも理由がある。所得水準が低い時代には、何かと我慢を強いられた。暑さ、寒さ、空腹、たいへんな家事労働、不衛生などである。所得が増えていくと、人々はこれらの我慢を解放する商品を購入するのだが、洗濯機や電気釜のように時間をも節約する場合が多かった。

ところが、さらに豊かになってくると、余暇活動をおこなって生活を楽しむ時代になる。これは、文字通り時間消費型生活である。そして、働く時間との競合がきつくなっていくのだ。

それとともに、スポーツ施設、交通機関、宿泊施設、イベント会場などの予約をとる必要が増えてくるから、人々はその約束時間を守ろうとして忙しくなる面もある。

通勤時間に「ながら参入」商品

このように、現代社会は時間欠乏型社会であり、人々は時間に感応的になっている。こんなとき、人々は時間を節約する商品を求める。たとえば、準備を含めて短時間で食事をすませられる商品、簡単に情報伝達が可能な商品、便利でスピードの速い交通手段などが、市場をふくらませてきた。

そして、時間当たりの消費額が大きくなっている今日、消費財供給者は、自分にとって都合がいいように時間を使わせようと工夫を凝らす。人間が行動する上で時間は必ず必要だが、もう一つ必要なものとして場所がある。

人間はある場所に存在すると、他に移動するにはコストがかかるために、しばらくそこに留まって消費を行うものである。時間の取り合い競争とは、自分にとって都合のいい場所に消費者を存在させる競争でもあるのだ。

人間の存在場所は住居の外と内に分けることができる。人々が住居内で長い時間を過ごせば、オーディオ商品、パソコン、家庭用ゲーム機やゲームソフト、食料品などがよく売れる。だとしても、住居内産業が人々を住居に長い間留まらせるために協力しているとの話は聞かない。

人々は家に帰るものだからここのところを気にする必要がなく、在宅消費からの分け前を大きくすることに専念すればよかったのである。結果として、在宅の魅力が高まることになった。

一方、スポーツ施設、飲食店、商店、観光地などの住居外産業は、人々が住居の外で行動すれば売上げが増える。しかし、住居内産業とちがって、必ず人がやってくるわけではない。まずは、あるところに存在する供給者が協力して、自分たちのところに人々を集める必要がある。商店街は共同で駐車場を設けて客が来やすくしたり、イベントをおこなって人々を呼ぶ。観光地も同様である。同業者との競争はそのあとである。

また、人間の通勤時間のような必需的時間に「ながら参入」して売上げ増を図る商品もある。読ませる商品、聞かせる商品、情報伝達を可能とする商品などである。

時間に注目することが、今日の商品市場を理解するカギとなるのだ。

4、時間のミスマッチを解消する商品

暇な時間を貯蓄して使えたら

現代は時間欠乏の時代だということはすでに指摘した。これには、サービス化、情報化が進み、人々が生活を楽しむようになったというはっきりとした理由があった。

とはいっても、人はいつも忙しいわけではない。休みの日などなにもやることがなくて、面白いとは思わないテレビ番組をなんとなく見てしまうことがあるだろう。一方、忙しくてもっと時間があればと願いながら、仕方なく睡眠時間を削ってしまうときがある。

もし、暇なときの時間を貯蓄して、それを忙しいときに使えるならばこんなことは起きないのだが、時間をそのまま取っておくことはできない。どうしても、忙しくてもっと時間が欲しいときと、時間が余るときというミスマッチが起こってしまうのだ。

このミスマッチを解消する方法がないわけではない。出来ることは暇なときに済まし、忙しいときにはしないで済むようなことはしなければよい。原稿は暇なときに書く。忙しいときは、掃除などいつでも出来ることはしないのである。もちろん、遊びは控える。

しかし、この方法は万能ではない。蕎麦屋さんが、暇なときにざる蕎麦を作っておいたのでは、蕎麦がのびてまずくなってしまう。どんなに忙しくても、ある一定時間の睡眠を取らないと身体がもたない。

このような限界があったとしても、人間は昔からこの方法で時間のミスマッチの緩和を行ってきた。農作業は季節によって忙しいとき（農繁期）と暇なとき（農閑期）がある。農繁期は夜明けから日暮れまで働き詰めであるが、村の祭りは、収穫が済んだ時季に行う。しかし、時間のミスマッチの構造は、いつも同じというわけではなく、時代によって大きく変わる。その主たる原因は産業の変化によるものであった。

「サービス」は在庫がきかない

昔は農業が主たる産業であったが、やがて工業化社会がやってくる。

工場における生産効率は、季節によって、また昼夜によってそう大きく変わるわけではない。工場には莫大な投資をしてあるのだから、その稼働率を高めて資本コストを引き下げるのが好業績に結びつく。そこで、年間を通して平準化した形で生産をしようとする。工業の場合これができるのは、生産物の在庫が可能だという性質のためである。

たとえば、チョコレートは2月の上旬によく売れるが、そのときに集中して生産を行う必要はない。前もって、計画的に生産したものを倉庫にしまっておき、2月になったらそれを小売店の店頭に並べればよいのである。在庫が生産と需要の時間的ギャップを埋めることで時間のミスマッチを小さく出来るのだ。だからこそ工業化社会においては、1年を通じての時間のミスマッチはたいへん小さかったのである。

サービス化社会になると時間のミスマッチの構造はさらに大きく変化する。サービスそれ自体は工業製品と違って在庫がきかないために、需要に応じて供給をしなければならない。土日、祝日に需要が集中すれば、ここで営業を休むと売上げを大きく減らすことになる。現実に、サービス需要は平準化してあるわけではなく、時間帯による変動がたいへん大きい。

飲食店に対する需要は、当たり前だが食事時に集中する。レジャー産業に対する需要は、多くの人が仕事から解放されるアフターファイブか土日、祝日に集中する。スキー場には冬場に、海水浴場には夏場に多くの人がやってくる。本社などで働くビジネスマンの仕事もサービス供給であり、同様に繁閑の差が大きい。仕事が多い日には夜中まで働くことになるのだ。

今日は、時間のミスマッチが頻繁におきる時代にある。それは、工業化社会よりもずっと振れが大きいとともに、農業社会よりも波がずっと短いという特徴をもっている。人々はきめ細かな時間管理が求められるようになっているのだ。事実、手帳を眺めて、どう乗り切ろうかと思案する人が増えている。

当然のことながら、人々は時間のミスマッチを解消する商品を求めることになる。人間は忙しくても食べないではいられないのだから、短期間で腹を満たしてくれる商品を購入する。インスタント食品やコンビニ弁当の購入、出前やファーストフード店の利用などである。急ぐときは高価でもタクシーや特急を利用するし、子どもの世話まで手が回らないときは、ベビーシッターを頼む。

忙しいときにやらざるを得ない行動を、暇なときまで移転させてくれる商品が売上げを伸ばす。忙しいときには電話をかける暇がないし、電話がかかってきては困ってしまう。このとき、情報は暇なときに発信し、暇なときに受けたいと思う。それを可能とするのが、手紙だが、これでは時間がかかりすぎる。

「時間のミスマッチ」解消商品

そこで急速な普及をしたのが、ＦＡＸであり、携帯電話やパソコンによるメールである。もちろん、忙しいときに放映されるテレビ番組を暇なときに見ることを可能にするビデオはこの種の代表的商品である。

また、暇なときこそ、人は楽しみたいと思うのだから、この種の商品の供給者、たとえばレジャー産業にとっては書き入れ時になる。

暇なときというのは、将来不安が頭をもたげるときでもあるし、暇なときに身体を鍛えるなど将来不安を解消しておこうとも思う。健康産業などが活躍するときでもある。

ただ、土日、祝日にだけ需要が集中してしまうと、せっかくの施設や人材の稼働率が下がって、採算が逆に悪化してしまう。だから、この種のサービス産業は、平日にも顧客を集めるために料金やサービス面で工夫をせざるを得ないのだ。

もう一つ、今日の時間のミスマッチは個人によってかなり多様化しているとの特徴がある。従来は平日が仕事で、土日、祝日が休日である人が多数派だったが、サービス化が原因になって、平日に休みをとり、土日、祝日が忙しい人が増えてきている。

時間を自由に使える高齢者の増加もあって、レジャー産業などがうまくこれらの需要をつかめれば、需要を時間的に平準化する余地はかなり高まっているのだ。

今日の社会は短期の時間のミスマッチが大きいのだが、別の次元で長期の時間のミスマッチが増大している。すなわち、現役のときはたいへん忙しいのだが、引退すると暇をもて余すようになる。

これが、一生における時間のミスマッチであり、これが解消できれば、人々の満足度が大いに高まることだろう。

いまの日本では、年を重ねて働こうとしても、適切な職が少ないという状況にある。もし、働く意思のある高齢者が働ける環境になれば、現役世代にある者は、老後の生活費まで稼ぐ必要がその分減る。そして、生活を楽しむことに時間を使えるようになる。

また、稼ぐ機会でなくても、高齢者が十分に楽しめる環境になれば、時間をもて余す時間が減るという意味で、これも、時間のミスマッチの解消である。

高齢化のなかで、長期の時間のミスマッチが拡大している今日、これを解消する多様なビジネスモデルが実現されていくことを期待したい。

また、政策的にも、時間が係わる制度を手直しすることで、長期の時間のミスマッチを解消し、人々の一生における満足度を高める余地が大きい時代にあるのだ。

5、「夢プラス商品」がお客を集める

甲子園球児が輝いている理由

明日に不安があるといまが楽しくない。人はこの不安を解消して満足を高めようとする。不安解消の延長線上には夢があり、夢を持てれば、いまの満足は格段に高まる。これが、人間が、

夢を持ちえたときに生き生きしてくる理由である。

もちろん、実現の可能性がゼロなら、夢を持ったことにはならない。少しでも実現の可能性があり、夢の実現がすばらしいものと感じられるとき、その夢に近づくことで人間は大きな満足を得るのだ。当然のことながら、夢の実現に多大のコストを払う動機を持つ。

高校の野球チームの生徒に、「君の夢はなにか」と聞けば、多くは「甲子園で野球をやること」との答えが返ってくる。夏の地方大会には全国で約4千チームが参加するが、そのうち甲子園まで行けるのは50校そこそこである。この夢の達成確率は1パーセントをちょっと上回る程度である。低い確率にもかかわらず、野球部員はあれだけきつい練習をこなしているのだ。夢を達成することがすばらしいと感じるからである。

スポーツチームの監督にとって、チームの構成員を生き生きさせられるかが成功の鍵になる。これには夢実現に向かって行動するモチベーションを高めるのが早道である。まず構成員に夢実現のすばらしさを明快に示して夢を持たせる必要がある。一般的には、結果がすばらしいほど、達成確率が低くなる。優勝に対する評価が高ければ多くのチームが参加するからである。

達成確率があまりにも低いと選手はやる気を失いがちだが、ここでもう一つのことを監督はしなければならない。それは、夢実現の可能性を感じさせるようにすることだ。まさに、夢実現には何をしなければならないかを明快に示し、それをなしとげる方法をわかりやすく指導できる監督に構成員はついていく。

もちろん「だまって俺について来い」タイプの監督もいる。これには監督のそれまでの実績がものをいうようだ。

オリンピックは夢を形成する

企業が従業員の貢献に対し十分な報酬を支払えるならば活力を維持できようが、そうはいかない場合の一つの手段がこの夢である。経営者のなかには夢を語る名人がいる。夢実現のすばらしさと実現の方法を明快に示すことで従業員にやる気を出させるのだ。

おなじことは、国のリーダーにもいえる。国民はこういう国でありたいという夢を持っていよう。そして、多くの国民が潜在的にいだいている夢を鮮明にし、その実現方法について納得させることができるリーダーが支持を集めるし、国民は負担をあえてする。

すばらしい夢に向かって行動することが満足を高め、人々がそうしたいと思っているならば、それを容易にする産業が出現してもおかしくはない。まさに夢産業である。

これには二つある。一つは夢を持たせる産業である。読者に夢を抱かせることを売り物にしている本がある。伝記ものを読んで、「ぼくもああなりたい」と子どもたちは夢を膨らませる。オリンピックは選手たちの夢実現の場だが、同時にこれを見て、「オリンピックで活躍してメダルをとりたい」との夢を鮮明にした子どもたちを増やす場でもある。音楽コンクール、美術展なども同じで、人々の夢を形成する役割を果たしている。

もう一つは、夢実現の確率を高めることに手を貸す産業である。教育産業はその代表である。音楽家になろう、医者になろう、ビジネスの世界で活躍しようとの夢を効率的に実現してくれると期待して、人々は教育産業の門をたたく。そして、教育産業はすばらしい夢の存在を見せて、それを実現できる場だという信頼を高めることで、受講者を集めようとする。

こうした職業人として活躍する夢の内容には、たくさん稼げるという要素が含まれるだろう。実は、金銭がほとんどを構成する夢があるのだ。それが、競馬、競輪、競艇といった賭博である。人々は馬券や車券を買う。当たれば、数倍、数十倍になって戻ってくる。大金が手に入るというのはすばらしいと人は思っている。夢の条件を十分に満たしているのだ。賭博産業は夢を売る産業と考えてもよかろう。ここでも、結果がすばらしいほど、その実現確率が低くなるとの法則が成り立っている。

夢を売るからには、値段がつくはずである。競馬、競輪の場合、馬券あるいは車券売上高の約75《パーセント》が的中者に払戻金として支払われるのだから、平均としては損をするようになっているのだ。25《パーセント》が夢の値段ということになる。ここでも、夢実現の確率を高める産業が顔を出す。その典型が競馬新聞である。予想屋という人たちがいる。

宝くじの場合は、売り上げに占める当せん金として払い戻される金額の割合は平均して50《パーセント》を下回っているのだから、夢の値段は50《パーセント》以上という大変高いものなのだ。銀行預金の場合、わずかだがプラスの利子がついてくる。にもかかわらず、多くの人が宝くじを買うのだから、夢はいかに魅力的なものなのかがうかがえる。

昔から世界中で賭博が盛んにおこなわれてきた。そして、その魅力故に、夢を買いすぎて、生活が破綻する人が出てきてしまった。この弊害を防ぐために、賭博はしばしば禁止されてきた。また、それほど魅力的な商品ならば、公営にすることで、財政収入の足しにできる。公営であれば、公正な賭博を実現できるなどの理由があげられ、多くの国で公営賭博が許されている。

「夢＋商品」には集客効果あり

こう見てくると、人間が大変な魅力を感じる夢を一般の商品に付加して売り上げを伸ばそうとのアイデアが出てきても不思議ではない。現に、ある商品を見て「夢があるわね」と表現されることがある。それが衣服なら、それを着た自分が華やかな場で注目される様子を想像できる場合だろう。それが美術品なら、それが置かれたすばらしい部屋のなかにいる自分を想像して楽しくなる場合だろう。「夢のある商品」とは、それを利用することで、満足が高まった状況をはっきりと想像させてくれる商品のことだといえそうだ。

商品に夢を付加して売り上げを伸ばそうとするもっと直接的なものが、商品にくじをつけることである。温泉宿泊券が当たるなどというやつである。商店街全体で同じことをやる。福引である。これらのコスト分だけ値引きをすればよさそうに思えるが、夢を加えたほうが集客効果があるからこそである。

自分のことではなく、身内が夢を実現させることが夢だという人がいる。「子どもが夢だ」という人に会うことがある。サッカーやプロ野球のファンにとっては、ひいきのチームが優勝することが夢だろう。そして、子どもの夢実現に手を貸したり、ひいきのチームのために、試合会場まででかけていって必死に応援する。そして、少しでも夢実現に近づけば大きな喜びが得られるのだ。

このように、人間にとって夢はたいへん魅力的である。豊かな社会のなかで、「夢をもたねば生きていけない」という言葉を聞くことが多い。

一方で、「君の夢はなんだ」との質問に答えが返ってきにくくなっているのも事実だ。賭博にうつつをぬかす社会は困るが、みんなが前向きの夢を持てる環境が整えば、人々の満足感が高まり、社会はもっと生き生きしてくるはずである。

6、人力車や馬車が自慢のタネになる

「のぞみ」なら1時間は800円
人々はお金を払って時間を買っている。東京から新大阪まで行くのに、新幹線ののぞみを利

用すると約2時間35分かかる。一方、普通列車を乗り継いでいくと9時間程度かかり、その差は約6・5時間である。

一方、のぞみの自由席に乗ると乗車券のほかに4千730円払う必要がある。6・5時間で4千730円を割ると、約730円になり、1時間を730円で買った計算になる。これが、のぞみの時間の価格である。東京から新大阪までの直通普通列車がないところを見ると、ニーズが少ないのだろう。1時間当たり730円ならば、多くの人々はのぞみのスピードを買うようだ。

東京・熱海間の場合、こだまを利用すると45〜50分程度かかる。一方、普通列車なら1時間50分程度かかる。こだまの自由席の特急料金は1千680円だから、1時間あたり1千700円程度で時間を買っていることになる。

東京から大阪まで行く場合に比べてこだまの時間の価格はずっと高いのだ。現に、普通列車を利用する人はかなりいるのだが、こだまの時間の価格は高すぎるとの判断による行動だ。もっとも、長時間電車に乗るのは耐えられない、という人がいるのだから、長時間の場合のほうが高く時間を買っても良いと思う人が多いという点を考慮しなければならない。

先の例では、何を基準に時間が高いとか安いとかいっているのだろうか。それは、人それぞれが持っている自分の時間の価格と比べてである。たとえば、1時間に1千円稼げる人の時間の価格は1千円であると考えることができる。自分の時間の価格が3千円の人は、東京から熱海に行くのに新幹線を利用する。1千700円で1時間を買っても、その時間を仕事に費やせば、

3千円稼げるのであり、採算がとれるというわけである。

餅つき器が普及しない理由

昭和30年代に家庭電化ブームが起きたが、これもまた時間を買う行動として説明できる。洗濯機は洗濯の手間と時間を節約してくれる。炊飯器はごはんを炊く手間と時間を節約してくれる。1台5万円する洗濯機なら、1千回洗えるとすると、1回当たりの設備コストは50円である。そして、手洗いに比べて1時間分節約してくれるなら、50円で1時間を買えることになる。たいへん安いからこそこれだけ普及したのである。炊飯器の時間の価格はもっと安いだろう。

一方、自動餅つき器はあまり普及しなかった。これは、めったに使わないため、1回当たりの設備コストがたいへん高く、時間をかけても市販の餅を買いに行ったほうが得だとの解釈になる（質が一定だとの前提で）。

個人の時間の価格は一定ではない。この変化が人々の行動を変えてしまう。人々の時間当たりの賃金が高くなれば、多くの人にとって、より高い価格で時間を買うようになる。

新幹線の開業当時は、賃金が相対的に安かったため、東京から大阪まで普通列車あるいは在来線の特急で出かける人は結構いただろう。今日、新幹線利用が一般的になったのは賃金が上昇して、人々の時間の価格が相対的に上がったことが大きい。

人々の時間の価格の上昇は、買い物行動を変える。遠方の店で安く買えるとしても、時間コストがかさむから、高くても近い店で買うことになる。コンビニの価格はスーパーなどに比べて高いが、近くにあっていつでも買えるという利便性があるから競争力を持つのだ。

コンビニの発達は豊かさと関係がある。商圏の広い大型の総合スーパーの不振が続いてきたなかにあって、狭い商圏を想定した食品や衣料品を扱った小型の専門スーパーが善戦してきた。人々の時間の価格が昔より高くなったことが一つの要因であるのがうかがえる。

自分の時間の価格は、仕事のあるときとないときでは大きく違う。忙しいときは時間の価格は跳ね上がる。そして、平均的な自分の時間の価格では割に合わないタクシーを利用する。

多くの人がなお平日に働き、土・日曜日と祝日は休日である。平日には職場近くの店で食事をするが、休日には遠出をして美味しいものを食べようとする。遊びや買い物でもそうである。遠出しても時間コストは安いからである。

とすると、飲食店、小売店、遊園地などの商圏は一般に平日には狭くなり、休日には広くなるということが起こる。休日には供給者間の競争が激しくなるのだ。サービス供給者は、品揃えやサービス内容を変えるという対応をとる。これは、商店街についてもいえることだ。

人力車や馬車は自慢の種に

江戸時代のテレビドラマを見ると、乗り物として籠と馬がよく登場する。時が流れるにつれて馬車や人力車によって代替され、また、鉄道、自動車、航空機によって代替されてきた。利用者の時間の価格の上昇、技術革新による新しい交通手段の登場、料金の相対的低下が、密接にかかわったことはいうまでもない。

しかし、このようなコスト比較では存在が説明できない乗り物がある。観光地に行くと馬車を見かけることがある。人力車が走っている街がある。タクシーを利用したほうが料金は安いし速く着く。米国まで船を利用する人もいるが、飛行機のほうがはるかに速いし、料金も安い。

にもかかわらず、これらの乗り物が利用されるのは、目的が別のところにある場合である。人力車や馬車に乗ると、昔の良き時代に帰ったような気になれるだろう。自慢の種にしようと考える人もいるだろう。客船で太平洋を横断するのは、豪華な船旅を楽しむというレジャーが目的だからである。この種の目的の乗り物にSLを加えることができよう。商品も同じで、自慢できるとか、面白いといった目的で非効率的商品を買う場合がある。

人によって、また同じ人でも場合によって、行動や商品に何を求めるかが大きく違う。また、自分の時間の価格が大きく違ってくる。そして、それぞれの組み合わせによって、人々の行動は多様になるのだ。今日のような環境では、特にこのような認識が売り手には必要のようだ。

7、「余暇ビジネス」から将来を予測する

ギャンブルは何故楽しいのか

筆者は若いときにグループで温泉宿に2泊し、温泉に一度も入らずにマージャンをやり続けた経験がある。このゲームを始めると、体力が続く限り寝食を忘れて夢中になるのだが、何がそうさせるのだろう。

マージャンをすれば、勝ちたいと思う。パイをつもるごとに、目標に向かって手ができあがっていくのは楽しいものである。もちろん、パイを捨てるごとに振り込むのでは、とのスリルを感じる。いわば、勝負の連続なのだ。そして、上がれば、目標を達成したとの快感が得られる。途中で降りるのはかなりの抵抗を感じるのは、この喜びの可能性を放棄することだからである。

その回は上がれなくても、それで終わるわけではない。半ちゃん（ゲームの単位で少なくとも8回の勝負からなる）が終わったときに、トップになりたいのである。それには数多く上がる必要がある。そして、その日のマージャンの勝敗は数回の半ちゃんの点数の合計で決まる。終わった段階で、点数がマイナスの人は、目標との間に大きなギャップを残すのだから、これを埋めたいとの強い欲求をもつ。そして「もう半ちゃんやろうよ」といいだす。これを「泣き半」という。そして、勝った者は「泣かれたのでは付き合うしかないな」といってさらにゲームは続く。そして、しばしば徹夜になるのだ。

パチンコも同じで、「今日は勝ってやろう」という気で始める。しかし、いつもうまくいくとは限らない。負けるかもしれないとのリスクのなかで、連続的に勝負を続け、結果は目の前で明快になる。勝てば達成感と箱いっぱいのパチンコ玉が手に入り、もっと勝とうという気がおきる。負ければ「今度こそは」と再挑戦する。

これでは、パチンコ依存症といわれる人が出てくるのもわかるような気がする。パチンコ台を買ってきて、家ではじいてもつまらないのは、負けた痛みと勝った喜びがまったくないためである。

一方、欲求を満たして満足を得るという点では同じだが、すぐに満たされて長続きしない行為がある。食事がそうで、空きっ腹に食べものを口にすれば、たいへんな幸せ感が得られるが、満腹になってしまえばそれ以上食べることから満足は得られない。

「非挑戦型余暇」は五感の充足

美しい景色に遭遇したときは「なんと、すばらしい」と思うのだが、そう長い間感激が続くわけではない。水族館で珍しい魚を見たときもそうである。

いわゆる物見遊山の旅では、短期で満たされてしまう行為を連続させることで、全体としての満足を得ようと行動する。パッケージ・ツアーはこれを基本にしている。名所旧跡を回り、美しい景色を眺め、土地の名物料理を味わい、土産ものを物色し、宿に帰って温泉に入り、宴会をして床につくのである。

だから、集客をはかる観光地は、それぞれのポイントの魅力を高めようとし、ポイント間のつなぎをよくして退屈な時間を減らそうとする。そして、短期の満足を得るポイントが足りなければ、おいしい名物料理を開発するなど、ポイントを増やすのである。

このように、人間の満足を得る行為には、短期間で満たされてしまうものと長期に続くものがあり、かなりはっきりしているのだ。長期に続くものは、スポーツ、勝負事など目標を定めそれに挑戦することによる場合が多いので（オリンピックに出場しようというかなり長期の挑戦もある）、これを挑戦型余暇活動という。

一方、短期間で満たされてしまうものが非挑戦型余暇活動である。そして、この分類は、広い範囲で適用できるものである。

読書も止められなくなって長時間続けることがある。小説には主人公が登場し、読者は主人公になったような錯覚にとらわれる。そして、主人公とともに、困難に立ち向かいながら、目的に向かって突き進んで行く。まさに、挑戦型であるからこそ、長時間にわたって読めるのだ。そして、なかには10巻にも及ぶ長編小説がある。

一方、４コマ漫画は、その面白さにニヤっとして終わりである。第三者の立場から楽しむものであり、挑戦の要素はない。まさに、非挑戦型である。もちろん、『サザエさん』のように４コマ漫画をまとめて冊子にしたものがあり、これを長時間読んでしまうことがある。あれは、挑戦をしているのではなく、物見遊山の旅のポイントを次々に回っているようなものである。

テレビ番組には、やはり挑戦型と非挑戦型がある。大河ドラマは挑戦型である。長期にわたって主人公と挑戦を続けるのだ。お笑い番組や音楽番組はその場を楽しんで終わるという意味で非挑戦型である。

では、今後はどちらの余暇活動が主流になるのだろう。「美味しいものを食べる」、「美しいものを眺める」など短期的に満足を得るような行動は簡単に体験できるようになって、そこからは大きな満足は得られなくなる。人間は、満足感を得たい存在である以上、高い所に目標を設定してそれを目指すことにウェイトを移しそうだが、現実を見ると、必ずしもそうとはいえないようだ。

とにかく、挑戦型余暇活動の場合、目標を達成するには能力が必要になるが、そんな能力を身につけるのは面倒だという人が増えているようにも思える。まして、現代人は忙しくなり、人々の行動が細切れになっている。挑戦型余暇活動にはまとまった時間が必要だから、これは挑戦型にとってはマイナス要因である。

複雑に見えても分類で解明

挑戦は余暇活動ではなく、仕事で行うという人も多い。この仕事人間を含めて挑戦の対象を持っている人でも、美味しいものを食べにいったり、飲んで騒いだり、旅行にいったりとの非挑戦型の余暇活動を楽しむ。どちらか一方に偏るというのではなく、大まかにいえば、両方の余暇活動が人間の欲求を満たすという意味で補完しあいながら、共存していくことになりそうである。

「人間の行動は多様化している」との表現がよく使われるが、挑戦型と非挑戦型という分類を持ち込むことで、余暇活動の多様化の中身がかなりはっきりしてくる。

非挑戦型で、楽しめればよいと考える人がいれば、逆に挑戦の対象がなければ、生きてる気がしないという人もいる。

重い挑戦型を選ぶ人がいる一方で、簡易な挑戦型を選ぶ人が増えているように見える。

パソコンゲームにも重厚型と簡易型がある。テレビドラマには、長期に続く連続ものだけではなく、一回ごとに完結する水戸黄門型ドラマがあって、人々を惹きつける。

そして、1人で挑戦をするのを好む人もいれば、みんなで挑戦することに喜びを感じる人もいる。いわば、個人スポーツ型と団体スポーツ型である。

人々の好みが顕在化するなかで、これらの区分けがはっきりしてきている。そして、時代環境の変化はそれぞれのウェイトを変えていくだろう。

当然のことながら、これらの余暇活動ニーズに便宜を与える余暇産業が出現し、挑戦型と非挑戦型に、また挑戦型は重厚型と簡易型に、また団体型と個人型に分かれ、客をつかもうと戦略を工夫して戦っている。

その動向を右のような視点で観察すると、大きく膨らんだ余暇関連産業の姿が見えてくるし、社会環境の変化と合わせることで、将来の姿についても予想がついてくる。

8、新しいサービスをヒットさせる法

潜在需要は人の夢の中にある

百年以上前から供給されていたサービスがある。今日の表現でいえば郵便業、飲食業、宿泊業、美理容業、修理業、金融業、医療業、などである。そして、その後、新しく供給されるようになったサービスがある。映画館、放送業、通信業、航空輸送業、結婚情報サービス業などである。昔からのサービスの中味も変わった。コンビニは小売業だが、その売り方は昔とは様変わりである。

新しいサービスがヒットするのは、人々にとって満たされない需要（潜在している分を含めて）があり、それをうまく満たした場合である。つまり、どんな需要がどこにあるのかさえわかれば、ヒットするニューサービス業を創出するのは比較的たやすいことになる。

こういうと、「その需要を見つけるのが大変なんだよ」との声が聞こえそうである。それを見つけやすくする需要認識の仕方があるので説明したい。

一つの需要源泉は、当たり前のことだが技術的に供給困難なためにそれまで満たされていなかったサービス需要である。例えば、昔から人間には空を飛びたいとの願望があった。飛行機の発明はこれを可能にした。テレビの発明は、居ながらにして世界中の出来事を見たいとの願望を満たした。情報技術の進歩は、いつでもどこでもだれとでも情報交換をすることを可能にし、情報関連ビジネスの市場は大きく広がった。

技術が未熟なために満たされない人間の欲求は、まだまだたくさんある。宇宙船技術の進歩は、宇宙旅行の夢を現実のものとしつつある。人間は歳をとり、死ぬことを運命づけられている。当然、健康で美しく、長生きしたいとの強い欲求が生まれる。医学の進歩は、少しずつこれを満たしてきたが、満足ができる水準にはまだまだ至っていない。従来より少しでも充足水準を高められれば、市場が大きくふくらむ分野である。

技術革新が起こっても、それをもとにして供給されるサービスに対する需要がなければ、商売にならない。スピードの速い乗り物が開発されても、それを求める人が少なければ、商品化されることはない。逆に、技術革新がなくても、人々が生活する環境が変わるなどして新しいニーズが生まれ、それをうまく満たした事業が繁盛することがある。これが、もう一つの需要源泉になる。

高齢化も新たなニーズを生む

人々の所得上昇は、この環境変化の重要な要素になった。収入の少ない時代には今日生きるのが精一杯であり、明日のことなど考えるゆとりはなかった。ところが、豊かになると、人々は今日の生活を明日も続けたいと思うようになる。健康に気をつけるようになるのはこの結果である。食べものでいえば、貧しいときには、食欲を満たすことが先決だが、余裕が出てくると身体にいいものを選ぶようになる。そして、スポーツなどで身体を鍛えようとする。

女性の社会進出が進んだ。多くの女性が勤めをもち、家にいることが少なくなった。仕事以外でも、外で行動する機会が増えていった。存在する場所に変化をもたらしたのである。結果として、街には女性にターゲットをしぼったサービス供給者が増えていった。子育て支援サービス業の増加も、この流れと関係している。

高齢化は新たなニーズを生む要因になる。それは健康を損ねた人に対するサービスだけではなく、元気な高齢者も若い人とはいく分違ったサービスを求める。引退後の長い人生が見えてくるのだから、現役の人にも老後の豊かな生活のための準備というニーズを生む。

国際化もまた人々の生活を変え、新たなニーズを生んだ。例えば、コミュニケーションの手段としての言葉の問題の解消がある。また、海外で生活を始める過程でも、住居の確保や引っ越しの問題が発生する。

現実には、技術革新と人々をとりまく環境変化が相互に影響し合いながらニューサービスを発生させてきた。所得上昇は経済発展の結果なのだが、それを可能にしたのが技術革新であった。

そして、所得上昇は、人々の時間価値を上昇させ、速い乗り物に対するニーズを生んだ。東海道新幹線は'64年に開業されたが、その10年前に開業できたとしても、高い料金を払ってスピードを買う人は少なく、採算を合わせるのは難しかっただろう。実際には、開業時に人々の時間価値がかなり上昇していたからこそうまくいったのである。こう見ると、社会環境の変化と技術革新のタイミングは、ニューサービスを生みだす上でかなり重要な要因だということがよくわかる。

このように、ニューサービス業の創出には、まず技術が未熟なために満たされていない需要に注目すべきである。それを顕在化する手段がソフト面を含めた技術開発である。もう一つが、人々をとりまく環境変化に注目し、それによって生まれた需要を見定め、それを満たす商品開発を目指すことである。

実はこれだけではない。需要があったとしても、自分で満たしてしまえば外の供給者に対する需要にはなり得ないのだ。家庭内でいえば、掃除、洗濯、食事の用意、育児など、なお多くのサービスが自給されているし、それは膨大である。もし、これらのサービスを家庭から外に引っぱり出すことができれば、多様な事業が成り立つことになる。

家庭は潜在する需要の宝庫だ

現に、外食産業は、従来家庭で自給されてきた食事サービスの相当のところを担当することで成長してきた。育児支援サービスは、家庭内で行われていた育児サービスを代替した面が多かろう。宅配便にはゴルフ道具やスキー道具など自分で運んでいたのを代替しているサービスがある。

とはいっても、家庭の外でサービス供給を始めれば、家庭内のサービスを引っぱり出せるというわけではない。人々は、自給したほうがいいのか、外のサービスを利用したほうがいいのかを比べることで、どちらを選ぶか決めている。どこにいるかによっても、選ばれるものが違う。とにかく、家庭内のサービスを事業者のサービスは競争をしているのだ。だから、価格面や利用のしやすさなどの面で優れていなければ、外のサービスを利用しない。外部サービスを利用するには、事業者のところまでかけるコストがかかるから、そのハンディをカバーして、なおかつ魅力的である必要があるのだ。

外部のサービス事業者にとっては、もう一つ強力な競争相手の存在を忘れてはならない。それは、家庭での自給サービスの質を高め、手間などのコストを下げることに手を貸す製造業者である。

電器メーカーが簡単に料理ができる機械を供給し、食品メーカーがその料理の材料になる食品を味が良くて利用しやすい形で安く売り出せば、家庭での食事の準備のほうにシフトしてしまうだろう。まさに、外食産業は同業他社だけではなく、電器メーカーや食品メーカーを強力な競争相手として意識しなければならないことになる。

工夫の結果、魅力的なサービス供給者が外部で発達すれば、これは、人々にとっての環境変化になる。外部サービスを多分に利用する生活に変わり、これらの魅力的なサービスを利用しやすいところに住む傾向を強める。例えばホテルのように、中で多様なサービス供給者が営業を行う大型集合住宅が選ばれるようになるかもしれない。ここでも、さらに新しいサービス業が生まれるだろう。

第三章　人々の欲求を刺激すれば売れる

第三章　人々の欲求を刺激すれば売れる

1、「社会の新しいルール」が消費を拡大する

上司や知人の葬儀を欠かすな

人間は制裁を受けたくはない。

現実には、社会には多くのルールが存在し、それに違反すると制裁を受けてしまう環境で暮らしている。交通違反を犯すかもしれない。人を傷つけてしまうかもしれない。ついつい出来心で他人のものを盗んでしまい、罰せられるかもしれない。これは恐怖である。

実は、人間社会には、法できちんと規定されておらず、またそれを犯しても法的制裁を受けないルールがたくさんある。にもかかわらず多くの人々がそれを守っている。

「年賀状を出すべきである」「世話になった知人の葬儀には出席すべきである」「旅行に行けばお土産を買ってくるべきである」「目上の人には敬語を使うべきである」「知人に会ったら挨拶をすべきである」などである。

これは、成文化されていないルールという意味で、人間社会における「掟」といったらいい

だろう。人間が集団でうまく生活していくうえで、人々の行動に規律を求める必要があったために、暗黙の合意のもとに掟化したのだろう。

法的罰則がないのに、なぜ人々が従うかといえば、やはり別の形での制裁があるからである。上司の葬儀に出席しなければ、同僚からは「（上司の）世話になっていたのに、あいつ来てなかった」ということで、評判が悪くなり、仕事の上で協力を得にくくなる可能性がある。なぜなら葬儀には受付（記帳）があり、そこでは同僚が出席をとっているからだ。

葬儀には、「黒のスーツに黒のネクタイを締めていくべきである」というのも掟の一つである。派手な服装で出席すれば、「あいつは常識がない」、また「場の雰囲気を壊した」ということで評価が落ちて、重要な仕事が回ってこなくなるかもしれない。これは恐怖である。このように、人には、世の中に存在する掟を守ろうとする動機がある。まさに、恐怖解消動機である。そして、掟を守るには商品を必要とすることが多くなっている。

疎外される恐怖を解消したい

昔は葬儀を自宅で行うことが多かったが、いまや外部の葬儀場のサービスを利用するのが普通になっている。

従って、今日の社会では、人が恐怖を解消するために行動すると、消費市場の拡大につながることになる。バレンタインデーのチョコレート、母の日、父の日、誕生日、入学、中元・歳暮などの贈答品市場がそうである。年賀状を出すべきだ、との掟によって郵便事業はかなり潤ってきた。

場合や場所によって相応しいとされる衣服があり、これを着用すべきだとの掟は、アパレル市場を大きく膨らましている。

このように理解すると、新しい掟を作り、人々がそれに従うようになれば、新しい市場を創出できることになることがわかる。

だからといって、掟作りがいつもうまくいくとは限らない。成功するには、掟を破ったときに、人々が後ろめたさを強く感じ、またそれを支える背景がないと駄目なようである。なかには、この背景が消滅し、影が薄くなっている掟もある。

30年ほど前だが、日本で父の日が一般に認識されていなかったころ、母の日の成功を見て、父の日の普及に奔走していた人の話を聞いたことがある。彼は、なかなかうまくいかないと嘆いていた。昔の母には誰よりも早く起きて家族の食事の用意をし、多くの子どもを育て、報われないとのイメージがあった。子どもにとっては、家にいる父親はごろごろして、酒を呑んでいる姿ばかりが目に入った。

それが今日、父の日はかなり一般化して、デパートでは父の日の贈り物売り場が結構、広くとられるようになった。社会が厳しくなり、父の仕事は大変だという認識が強まっていったことが影響したことだろう。

もう少し応用範囲を広げると、事業者にとって、「特定の商品（自社商品）を持っていない（消費しない）のは格好悪い」との状況を作りだすことによって、売り上げを伸ばす方法が浮かんでくる。「あんた、まだあの店へ行ってないの」という会話がされるようになれば、この店は大繁盛しているはずである。

いずれにせよ、世の中に存在する多くの掟を守らなければならないとなれば、人々はそれに大変な時間と費用をかけざるを得ない。それぞれを律儀に守っていると、時間とお金が足りなくなってしまう。人々には、掟を守るコストを節約したいとの強い動機もまた存在することになる。

このとき、そのようなコストを節約する社会慣行が一般化したり、またビジネスが現れるのは自然である。

個性化時代の贈り物の新傾向

結婚披露宴や葬儀では、勤め先の社長など、偉い人からの祝電や弔電が読み上げられる。この方法で、社長は義理を果たしながら、大いに時間を節約できる。社長は忙しい人だ、との認識が一般化しているからこそ、この簡便法が認められるのだ。

結婚式などの儀式には、あの簡易礼服で済ますことができるので大変助かる。お通夜と葬儀という二度、あるいはどちらか都合のつくときに駆けつけられる機会のある慣行が続いているのも、義理を強く感じる人が仕事を休むなどのコストをかけることなしに、掟を守りやすくしているからだろう。

喜んでもらえるようなプレゼントを探そうとすれば、手間がかかる。今日のように、個性化指向が進み、人によって好みが多様化している時代に、気に入ってもらえる贈り物を探すのは並大抵のことではない。

受け取るほうにしても、気に入らないものをもらっても捨てるわけにはいかないし、置き場所に困ってしまう。

このようなことから、贈った相手が、カタログの中から気に入った商品を選択する形式の贈り物が喜ばれるようだ。現に結婚披露宴の引き出物などに利用されている。さらに相手にもっと多くの選択肢を与える方法が商品券を贈ることで、少なからず制約があるが、結構、使われているのではなかろうか。

海外旅行に行って土産ものを買い、それを持って帰るのは大変である。そのコストを節約するのが、国内で海外の土産を簡単に買えることを可能にする商売である。

また、葬儀に出席できない場合に、生花だけでも届けたいと思う。これには大変便利なサービスがある。たとえ、届け先が遠隔地であっても、近くの花屋に頼めば花屋間に出来上がっているシステムを通して、生花を葬儀会場に届けてもらえるのだ。

もちろん、花はもともと個性的なものであり、好みも様々だろうが、贈り主はそこそこのもので差し支えがないと思うようだ。いうまでもなく、生花を贈るおもな動機は掟守りにあり、このやり方で不都合が起きないからこそ普及したのだろう。

いまの世の中、まだまだ守らねばならない掟はたくさんある。そして、掟の存在から利益を受ける業者は、掟が消滅しないように、またより多くの人がこだわるように努力している。さらには記念日の創設など、掟作りに奔走する人までいる。

一方で「掟守りのコスト節約」ビジネスの市場も膨らんでいくことになる。恐らく、掟を守るコストが安くなると、掟の消滅を阻む原因にもなろう。そして、掟を破ったとき、いい訳がききにくくなる。

2、人はなぜ「違うものを着たい」のか

舞姫は「個性的」でありたがる

余暇活動は舞い踊りに例えるとその本質がよく見える。舞姫は舞台で上手に舞おうとする。そして衣装と小道具にこだわる。他人と同じものでは差がつかないからである。テニスをするときも同様で、ウエアとラケットにこだわる。

必然的に、「個性的であるべき」との価値基準ができあがり、人々はこれに反応して行動する。

ある女性によると、パーティ会場に同じものを着た人がいると、いたたまれなくなって、一刻もはやくその場を脱け出したくなるのだそうである。これらの行動が、多様化を推し進めてきた。

視覚は飽きっぽい。毎日同じものを着ていると飽きられてしまうから「同じものを続けて身に着けるべきではない」との価値基準ができあがる。そして、身に着けるものを日々変えて仕事場にやってくる人が増える。時間の軸での多様化である。

いうまでもなく、これらの行動の背後には、他の人からほめられたい、評価を受けたいという人間の欲求があるが、この同じ欲求が画一化の原因になる場合もあるから面白い。

街を歩くと、同じデザインのバッグを持っている人によく会う。ルイ・ヴィトンなど有名ブランド品である。あれだけ出回っていれば、互いに街で会う確率が高いだろうが、拒絶反応は起きないのだろうか。実は、あのバッグは自分を表現して評価されるためのファッションの一部ではない。有名ブランド品を持つこと自体で評価を受けたいがためなのだ。いわば、勲章のようなものだ。

あこがれの制服が生む一体感

また、有名ブランド品はデザインを固定している場合が多く、「同じものを続けて身に着けるべきではない」との価値基準にも反する。他人がデザインをひと目見て、有名ブランド品だと判断できなければありがたい勲章の役割を果たさないから、供給者がデザイン固定戦略をとった結果である。それに、ファッション自体を評価されるためではないから、視覚の性質と抵触しないのである。

制服という画一的なものを身に着けて喜ぶ場合さえある。その制服着用が義務づけられている会社なりに対する世間の評価が高い場合には、そこの制服を身に着けることで自分が評価されたような気になれるのだ。これを「あこがれの制服」と呼ぶことがある。

そして、数人でその制服を着て歩くのは他人に対するアピールであるとともに、本人たちは一体感という喜びを感じるのだろう。しかし、更衣室で私服に着替えたとき、自分と同じものを着た人がいたら、拒絶反応を示すのではなかろうか。独立した個人に戻ったときである。

プロ野球やサッカーの試合では、ファンが選手と同じユニホームを身に着けて応援している。これで、自分がひいきにしているチームと一体感を感じることができるのだろう。右の制服着用動機とよく似ている。

所得水準の低い社会では、暑さ寒さ、空腹、家事労働の大変さ、不衛生などを我慢して生活しており、この我慢から解放されることが満足につながった。人々は我慢から解放してくれる機能を商品に求めた。それが豊かになって、生活を楽しむことに重点を移すようになると、舞台意識が表面化してくる。そして、機能を超えた要素を求める行動が目立ってくる。ところが、このまま進むわけではないのだ。

実は、人間はすべての分野で「ほめられ欲求」を満足させようとするほどエネルギッシュではない。そして、こだわる分野とこだわらない分野が出てくる。車にはこだわるが、着るものなどどうでもいいという人がいる。スーツは吊るしでいいが、ネクタイにこだわる人がいる。

こだわらない人は、機能本位で商品を買う。そしてこだわる人が買う高価な商品とこだわらない人が買う機能本位で安い商品の双方のマーケットが形成される。

もっとも、高所得者は概して高価な商品を買う傾向があるが、これには、「けなされたくない」の欲求が顔を出す。すなわち、「お金があるのにねー」といわれるのを避けるために、こだわっていなくても高価な商品に手を伸ばすのだ。

商品には、こだわる人が多い分野と、こだわらない人が多い分野がある。そして、ある商品でこだわらない人が増えていくと、「個性的がよい」との価値観が薄らいでいく。こうなると、高価で個性的な商品を持っていてもほめられないから、この種の商品を買う動機をなくす。もちろん、高所得者も高価な商品を買わなくてもけなされない。機能本位の画一的商品が一般化するときである。

100円ボールペン登場と万年筆

現実にこのような例がある。かなり前だが、多くの喫煙者が比較的高価なライターを持ち歩く時代があった。この時代、ライターメーカーは急成長し、多くの付加価値を手にした。ところが、やがて100円ライターが普通になり、価値ベースで市場を縮小させてしまったのである。また、人々は胸ポケットに比較的高価な万年筆をさしていた時代があった。それが、100円のボールペンが普及し、万年筆メーカーの売り上げは減っていったのである。

このようなことが、他の分野で起こることは十分に考えられる。自動車は、ただ安全に走ればいいと思っている人は結構いる。この考え方が普通になれば、100円ライター型の自動車が一般化しないとはいえない。いま、国内で若者が車離れしているとの指摘があるし、軽自動車のシェアが高まっているが、この兆しかもしれない。

とはいっても、すべての商品分野が機能本位になってしまうわけではない。人間には強力な「ほめられ欲求」がある。やはり、なにかにこだわってこの欲求を満たしたいのだ。人間は自分をよりよく見せたい。人々の目が肥えてくれば、ブランド品を持つことによるのではなく、トータルファッションとして評価されたいと思うようになるだろう。そのとき、着るものや身の回り品のブランドものは勲章ではなく部品になってしまう。

さらに、自分の趣味にこだわる人が増えてこよう。また、自分の生き方にこだわる人がたくさん出てくるだろう。このとき、それに必要な商品の需要が高まる。人々が何にこだわるかが、豊かな社会の消費財市場を変えていくのだ。

3、夢と愛が購買欲を引き出す

「期待」が品質判断の拠り所だ

スーパーで買い物をしている人を見ていると、こともなげに商品をかごに放り込む人がいる。その瓶詰に入っているジャムは、まずいかもしれないのに。その電池の寿命は短いかもしれないのに。とはいっても、その場で的確な判断をしているとも思えない。すると、消費者は品質判断の基準を別に持っていると考えざるを得ない。

それが、一般の場合ブランドである。そして、ブランドとは「消費者が商品に対する期待を託すもの」とか、「企業が、消費者に対して期待を明確化したもの」などの定義がなされている。

このときの消費者は、「あのブランドのジャムはおいしい」「あのブランドの電池は長持ちする」との期待の下に購入することになる。いわば、ブランドが商品の機能という品質判断の拠り所になっているのだ。

その意味で、この場合のブランドを「機能ブランド」という。そして、供給者は、ブランドイメージを高めようと宣伝広告に力を入れてきた。

この種のブランドは、ルイ・ヴィトン、ロレックス、エルメスといったブランドとは次元が違うような気がする。これらのブランド商品は大変高価だが、優れた商品機能を売り物にしているのではない。数千円のバッグでも、小物を入れて持ち歩く機能が、劣るわけではない。

ブランド腕時計の需要者は機械仕掛けのムーブメントにこだわる向きがあるから、ブランド時計は一万円の電波時計に比べて精度が高いというものではない。

ではデザインか、ということになるが、確かにその面はあろう。しかし、人間の視覚は、流行現象からわかるように、本来飽きっぽい性質をもつ。同じようなデザインの商品を長期にわたって供給するブランド商品供給者が多いのだから、視覚の性質を軽視していることになる。となると、デザインで売っているとはいえなくなってくる。

「高級品」で付加価値を得たい

この種のブランド商品を購入する動機は、それを身につけて、あるいは持ち歩いて評価を受けたいというところにある。これは「ほめられ欲求」の充足である。

ほめられるためには、他人から見てその商品が高価なブランド商品であることが一目でわかるものでなければならない。それには、判別できないほどにデザインを変えてしまってはまずいのである。いわば、勲章のようなものだから、視覚の性質を重視しなくても不都合はないというわけである。

ほめられるには、評価という競争に勝たねばならない。ちょっとでも高い評価が得られるなら、大枚をはたいてもいいという人がいる。そこで、供給者は羨ましさの程度を高めることに手を尽くすのだが、これに成功すれば、高い値付けをしても買い手が現れる。結果が、大変高価なブランド商品の登場である。これを「ほめられブランド」という。

機能本位で買われる商品の価格差はそんなに大きくはない。この種の商品の需要者はこれでほめられたいなどと思っていないから、ちょっと評価順位の高いとされる商品に大金を出そうという動機は持ち合わせていない。それに、機能的商品の生産は比較的簡単にできるようになり、メーカー間の機能差と価格差がなくなっている。

一方、豊かになって「ほめられ欲求」のウェートが高まった。そして、その評価は曖昧なものだから、「ほめられブランド」が結構重要な意味を持ち続けているのだ。

実は、他にも、効能が曖昧なためにブランドが重要な分野がある。人間にとって、将来は心配なものである。受験が上手くいくだろうか。将来の生活は大丈夫だろうか。この商売は今後も続けられるだろうか。病気になったらどうしよう、などである。そして、人間はこれらの不安を解消して、いまの満足を高めたいのである。

このとき、人間は、具体的な対策を実行に移す。予備校に入学して勉強する。生活費が心配なら、貯蓄を増やし、運用利益を高めようとする。事故が心配なら保険に入る。このときの予備校入学、保険商品、また金融商品は、その目的を果たすという機能を売り物にしているはずである。

しかし、不安は将来に関するものだから、不安解消商品は単なる機能商品とは違うところが出てくる。心配性の人にとっては、どんなに準備をしても不安が消えることはない。なかには、孫の生活費まで心配する人がいる。人間は死ぬことが運命付けられているし、年を重ねるにつれて病気がちになる。そして、多くの人が健康で長生きしたいと思う。豊かになると、将来の心配が顕在化するから、いまの日本で健康志向が大変高まっているのは当然なのである。

現に、少しでも健康寿命を延ばしてくれるなら、それなりの対価を払ってもいいと考える人が増えている。現実には、極めて多様な健康産業なるものが登場している。しかし、需要者から見れば、その効き目が曖昧だし、どれを選んでいいかわからない。効果がはっきり出るサービスを求めたい。しかも、結果が出るのは先なのだから、効き目についての判断はさらに難しい。

豊かになると求める健康寿命

やはり、ここでも需要者の選択の拠り所になるブランドが登場する。これを「不安解消ブランド」といってよいだろう。そして、供給者はこのブランドイメージを高めるために、偉い先生を登場させたりして権威付けを行う。

それでも、不安が解消するわけではない。不安解消の最後の拠り所は神様である。神社に行くと、受験、結婚、商売、就職、健康回復の願いを書いた絵馬がたくさん置いてある。

正月三が日の初詣客数の上位にランクされる常連は、明治神宮、成田山新勝寺、川崎大師だが、この日のために多額の設備投資をしているのでもないのに、それぞれが300万人近くを集める。正月三が日のディズニーランドとディズニーシー合計の集客数が約30万人だといわれるから、いかに多くの人が集まるかがわかる。そして、人々は「無病息災」「商売繁盛」を願うのである。

もちろん、御利益を求めて出かける人だけではなく、「毎年出かけているのに、今年だけ行かないと気持ちが悪い」という人も多かろう。リピート客である。とにかく、これだけの人が集まるのだから「不安解消ブランド」確立の勝ち組だとしていいだろう。

人間は多様な欲求の持ち主であり、それを満たしたいと思う。そして、その充足を手助けする商品には、欲求の種類ごとに別種のブランドが存在するのだ。さらに例を挙げれば、人は夢を実現したいと思っている。宇宙飛行士になりたい、音楽家になりたい、などである。この実現を可能にするのが教育機関だが、となると、教育機関は「夢ブランド」を高めることで才能豊かな若者を集めることができることになる。

このように、社会現象の背景には人間の欲求がある。ブランドでさえ、人間が関わって性質の異なるいくつかの種類を生み出すのだから、社会や市場を理解する上で、人間を知ることが大変大切な時代になっているのがわかる。

4、「ヘルスツーリズム」が集客力を増やす

テーマパークを凌ぐ神社仏閣

世の中には人が集まらないと商売にならない事業が大変多い。小売業、飲食店、宿泊施設、映画館、劇場、スポーツ施設、ゲームセンター、パチンコ店、理髪店、美容院、学校、美術館、博物館、医療機関等である。これらを「集客型サービス産業」という。そして、料金を下げたり、サービス供給の仕方を工夫したり、宣伝広告等を行ってより多くの人を集めようと努力している。

ところが、昔ながらの方法をそう変えていないように見えるのに、驚くほどの人が集まっているところがある。それが、新年の神社やお寺である。多くの人々が初詣にやってきて、「今年もいい年でありますように」と、無病息災、商売繁盛などの願いを込めて、祈るのである。幾人かの人に初詣の動機を聞いてみると、「毎年来ているから」との答えがかなり多い。まさに、リピーターである。これには「なんとか順調にやってきたのは、初詣に来ているからで、これを欠かすと不都合が起こるのでは」との気持ちが、どこかに働いているのがうかがえる。いわば、詣でないと気持ちが悪いのである。

そして、その集客力はきわめて強力であるのはすでに説明した通りである。正月三が日の、明治神宮、成田山新勝寺、川崎大師それぞれの集客数は、正月三が日のディズニーリゾートの

集客数をはるかに凌ぐのだ。

これらの神社やお寺は、テーマパークのような巨額の投資をして、人々を惹きつける装置をつくっているわけではない。巨大なしめ縄とプールのように大きな賽銭箱が目につくぐらいである。にもかかわらず、これほどの集客力を持つのは、人々が求める欲求を満たしているからに他ならない。それは、将来不安を解消したいという欲求と考えていいだろう。そして、人間にとって、この欲求は大変強力なものなのだ。

参加しないと「損した気分」に

人が集まる動機として、風物詩に接したいというのがある。風物詩とはその季節の特色を表す物事のことだが、日本では季節がはっきりしているせいか、風物詩に反応する人が多いようだ。春の花見、夏の花火、祭りには多くの人が集まる。これらの風物詩に接しないと、忘れ物をしたような、損をしたような気になるのだろう。

初詣も風物詩である。年の初めに詣でることで、今年1年をいい年にしようとの思いが、正月三が日に集中させ、これが風物詩になったのだろう。「毎年来てるから」との理由のなかにも、この「風物詩に接したい」があるのだろう。まさに、不安解消と風物詩の魅力が相乗効果をもって、集客力を高めていることがうかがえる。

市もまた風物詩である。7月6～8日に東京入谷の入谷鬼子母神（真源寺）境内および門前の道路沿いで行われる朝顔市には、期間中約60万人の人出があるとのことだ。東京浅草の浅草寺の境内では、7月9日と10日にほおずき市が開かれ、こちらも約60万人もの人出が見込まれるという。これらの市は、今日的表現を使えば小売業である。

ところで、一店舗当たりの売り場面積あるいは売り上げで見た最大規模の小売店は、百貨店といっていいだろう。しかし、1日に10万人を集められる百貨店は滅多にないという。あの大変な設備投資をしたであろう巨大な売り場面積に、膨大な種類の商品を揃えて待っているにもかかわらず、である。

一方、朝顔市やほおずき市の場合は、極力設備投資をおさえた売り場で売っている主力商品は、たったの一種類なのだ。しかも、決してダンピングをしているわけではない。

これらの市がこれほど多くの人々を惹きつけるのは、風物詩としての独特の雰囲気であり、またお寺の境内が会場であることから想像されるように、御利益が関係しているとしていい。たとえば、ほおずき市の日は四万六千日と呼ばれる「功徳日」にあたり、この日に参拝すると126年間日参したのと同じ功徳が得られるという。市にも不安解消という要素が働いているのがわかる。1回行けば十分にもかかわらず、毎年出かける人が多いのだから、節目の風物詩に接したいとの気持ちもまた、強いことになる。

祭りも同様に風物詩である。そして、多くの場合、神社仏閣が関係してくるのだから、ここでも不安解消動機が顔を出してくる。それだけではなく、祭りに合わせてコンクールや競技会が開かれることが多い。蕎麦食い競争は蕎麦祭りの日に行われるのだ。絵画や習字の展示会がよく見られるし、写真コンクールも定番である。秋祭りには菊の花コンクールが行われる。

このように見てくると、いくつかの動機を複合させることで、集客力を高めていることに気がつく。祭りは集客力を持つから、この日にコンクールの日を設定すれば多くの人が集まるとのことで、コンクールが多く見られるのだろう。もちろん、結果として、それが祭りを盛り上げるとの相乗効果を発揮するようになれば、成功である。

楽しみながら「知識」も得たい

人間は、楽しいことに魅力を感じる。楽しめるのであれば、お金と時間を使う。旅行に行きたいと思うし、テーマパークで遊びたいと思う。おいしいものが食べられるとなれば遠くても出かけていく。また、人間は品揃えの豊富な店で買い物をしたいと思う。他人とは違った素敵な商品で身を飾れるし、自分のニーズにあった商品を買えるからである。

いままで説明したように、不安を解消したいとの動機も、同様に大変強力である。ひょっとすると、日本には心配性の人が多いことが、この動機を満たす行動を目立たせているのかもしれない。また、貧しい時代には、今日一日を生きるのが精一杯で、明日のことなど考えるゆとりがなかった。それが豊かになるにつれて、明日も今と同じような生活ができるのだろうかとの心配が頭をもたげてくるから、昔よりも不安解消動機は、より強力になっているといってよかろう。

とすると、楽しいとされる商品に不安解消を可能にする要素をつけ加えることができれば、より多くの人を集められるのでは、ということになる。

観光地は本来楽しむために出かけるところである。それがいま、健康の要素をつけ加えた観光が流行になっている。医療機関を中心において、地域の企業や温泉地まで巻き込んだところまで現れているという。現に、「ヘルスツーリズム」という言葉を聞くことが多くなっている。

食事も楽しみを得られる行為である。ここに、健康の要素を加えて、客を呼ぶのである。ヘルシーな料理を目玉にしたり、その料理の作り方を教えたり、健康にいい酒の飲み方を指導したりすることも行われている。

人間の欲求を満たす商品の複合化は、人を集める上で効果があるのは確かである。風物詩と不安解消は特に相性がいいのだろう。だが、なんでも一緒にすれば集客力が増すということでもないようだ。

パチンコ店、雀荘、競馬場などで勝負をするときは、健康のことなど頭にないだろうから、健康増進の要素を加えても、効果を大きく高めるとは思えない。人間欲求について知り、さらに検討していけば、他で有効な複合化の余地はまだまだ見つかりそうである。

5、「遊びプラスα」が新しい魅力を生む

一個所で様々に楽しめる魅力

どんな産業でもそうだが、需要がなければ商売は成り立たない。特に集客型サービス産業は需要者に事業所まで来てもらう必要がある。このときとられる有力な手段が、サービスを複合化して広い意味での魅力を高めることである。観光と健康増進サービスを複合化したヘルスツーリズムはこの例である。

供給者が無意識のうちに複合化を図っている例も多々ある。しかし、なんでも複合化すれば、集客力が増すかといえばそうではない。複合化がうまくいくには理由があり、その合理的パターンがいくつかあるので説明したい。

一つは、遊園地型である。遊園地はジェットコースター、観覧車、お化け屋敷など客が求めるいろいろな出し物からなっているという意味で複合型である。客は、それぞれの出し物を次から次へと経験して楽しむのだ。もちろん、ジェットコースター、観覧車、お化け屋敷を専門に提供する事業者があってもいい。しかし、これをすべて楽しみたい客にとっては、一個所に集まって存在したほうが便利である。それぞれの施設が離れたところにあったのでは、動き回るのに、交通費と時間コストからなる「利用コスト」がかさんでしまうからだ。これが、複合型の遊園地が集客力を持つ理由である。

遊園地型の複合型サービス産業はかなりある。ゲームセンターはこの例で説明するまでもなかろう。観光に来る客のなかには、名所旧跡、美しい自然、温泉、名物料理など一連のものを求める人が多い。そして、それらのつなぎに時間がかからないようになっている（利用コストが安い）ところが評判がいい。この意味で観光地も複合型である。

学校もそうである。国語、数学、理科、社会を個別に教える学校があってもよさそうだが、それらをすべて学ばねばならない生徒にとっては、あちこち駆け回らざるを得ず、つなぎのコストが高まってしまう。一個所で学べる学校がやはり魅力的なのである。もちろん、英会話のように一つの能力を高めたいニーズが多ければ英会話学校が成立つ。

多様な選択肢→低供給コスト

二つ目は、飲食店型である。飲食店にやってくる客は、そこで供給される食事のすべてを次から次に食べるわけではないところが遊園地型とはちがう。多様な料理が提供されているという意味で複合型だが、客はそのうちの限られた料理だけを食べる。それでも、コストをかけて多様な料理を用意しておく利点はあるのだ。

その一つは、飲食店に入ってからメニュー表を見て何を食べるかを決める客が多いことによる。このとき、多様な選択肢の用意は、これらの客を惹きつけることができる。また人によって好みが違うから、多様な料理を提供することによって、さまざまな好みの人を集めることができるのだ。

これは供給コストを下げることにつながる。サービス供給には、人と設備が必要だが、これらは多様な料理それぞれの提供にとって共通したものでいい。テーブルは何を食べるにも共通に使える。料理を運んだり、片付ける係の人も同様である。料理を作る設備や食器類には汎用性がある。また、料理人の能力についてもかなりの程度広げることができる。

このとき、少ない種類の料理だけしか出さないことで客の数が減ってしまうと、設備や人材からなる供給能力の稼働率が下がり、コスト高になってしまう。もちろん、限られた範囲の料理だけで多くの客を惹きつける自信がある場合は別だが。

飲食店型の複合型サービスはけっこうある。理容院、美容院がそうで、さまざまなニーズをもった客がくる。頭の大きさや格好、また髪型の要求が違う客である。画一的なニーズの客だけを相手にしたのでは、客は激減してしまうから、これらのニーズをすべて満たすようにすることで客を増やし、設備や人的能力の稼働率を上げるのである。

三つ目は、ゴルフ場型である。ゴルフ場は本来ゴルフというプレーをおこなう場を提供しているのだが、人間はスポーツをしたり、また時間が経過すると、様々な欲求が発生する性質をもっている。

例えば、あらゆるサービス施設にはトイレがついているものだが、この欲求を満たす場であるといえる。ゴルフをすれば汗をかくし、腹が空く。一風呂浴びて一杯飲みたくなるものである。ゴルフの場合、仲間がいるのが常であるから、飲食の設備があれば、その場でふれあいが楽しめる。とくに、ゴルフ場は市街地から離れているのが普通だから、このようなサービスを供給する施設と複合しているほうが利用者にとって便利なのだ。

ゴルフ場型は波及需要を満たす施設と複合するという意味で遊園地型、飲食店型と違うのだが、このタイプに似た施設はかなりある。温浴施設の場合、風呂に入ると、喉がかわいて一杯飲みたくなるのが普通だから、飲食施設が付いているものが多いのだ。

地域全体で考えれば、このゴルフ場型の関係は縦横に出来上がっていることがわかる。スキーにいけば1日では物足りない。何日も滑るとなれば、泊まらなければならないし、食事をしなければならない。海水浴に行く場合もそうである。目的となる行為からの波及需要によって、旅館や飲食店が成り立つことになるのだ。

「遊び＋α」が新たな魅力を生む

この関係が、逆になる場合がある。旅館を始めるには、巨額の設備資金がいるし、それは固定費になってしまう。ゴルフ客、スキー客、海水浴客をたくさん集めることができれば、旅館は多くの客を確保できて、設備の稼働率が高まることが期待できる。そこで旅館組合は人々がやってくる目的になる目玉を整備し、宿泊客を集めようとする。

ただ、単に宿泊客が数として増えるだけでは不十分で、旅館の稼働率を高めるような宿泊客でなければならない。海水浴場の旅館組合は、夏場だけではなくシーズンオフにも客がくるように、スポーツ施設や釣り場を整備する。いずれにしても、ゴルフ場型は、目的を満たす施設と波及需要を満たす施設双方が魅力的であることが集客力を高めるのである。

四つ目が、先に触れたヘルスツーリズム型である。観光と健康増進という異質のニーズを複合化させることで、集客力を高めるタイプである。

観光は今を楽しむという現在欲求の充足である。一方、健康増進は将来の不安の解消であり、その行為自身はそう楽しくはない場合が多い。しかし、楽しみながら健康増進ができるならば、人々を惹きつける。うまいものを食べながらダイエットをするようなものだ。

勉強が好きな人はいるが、一般にはそう多くはない。勉強もまた将来不安の解消である。この勉強と観光を結びつけて、顧客を集める手法もとられる。たとえば、パッキングツアーに産業の視察や講演を組み込むのである。これで、遊ぶことに後ろめたさを感じる人を惹きつけることができるし、また、子どもの参加に親がお金を出しやすくすることができるのである。

教育機関も、楽しみを付け加えることで勉強嫌いな人を惹きつけようとする。学園祭、修学旅行の機会をもうける。そして、面白く学べるように工夫をするのである。

このように、複合化が集客力を高めるケースとして、客にとっての魅力を高める場合、客の「利用コスト」を下げる場合、供給者のコストを下げる（その分料金を下げられる）場合などがある。このような視点で考えることで、サービス複合化で客を集める方法を論理的に編み出す余地が膨らむのである。

6、「ほめられ欲求」が高価な品を求める

バッグの値段がピンキリな訳

バッグは、財布や携帯電話などの小物を入れて持ち歩く道具だが、ブランドもののバッグには数百万円もする商品がある。一方で、機能がそう違わないバッグが数千円で売られている。腕時計も同様で、数百万円もする商品があれば、一万円ほどで買える商品もある。ブランド時計には機械仕掛けにこだわるものが多いから、精度はむしろ一万円ほどの電波時計のほうがずっとよい。また衣料品も価格差の大きい商品である。

一方、価格差が小さい商品もまた多いのだ。多くの家電商品がそうである。もちろん、冷蔵庫、テレビ、電気釜にも価格差がないわけではないが、高価な商品には機能的にすぐれているという質の差がともなっている。パソコンなどの情報機器もそうである。私立の小中高校の授業料の差、予備校、学習塾、英会話教室の授業料の差もそんなに大きくはない。

保険は、どのような補償をしてくれるのかという質を一定とすれば、業者間の価格差は小さい。預金などの金融商品も、一定の金利を稼ぐのにいくら投資をすればよいかという意味での

価格差はたいへん小さい。

なぜ、このような対照的ともいえる価格現象が見られるのだろう。100倍ないし1千倍の価格の商品が売られているということは、それだけのお金を払っても買いたい人がおり、その人はその商品を買うことで大きな満足が得られると思うからである。また、価格差がたいへん小さな商品が存在するのは、大金を払ってまで買おうという気が起きない性質を商品が持っているからということになる。

価格差が大きい商品と小さい商品の違いをうまく説明するには、人間の欲求とそれを満たす行動まで戻らなければならない。

人間は満足感を味わいたい生き物である。そして、昔の貴族のように満足感を直接得られる行為だけをして暮らしたいと思っているだろう。しかし、現実にはそうはいかない。

「効率性」に高い金は払わない

美味しいものを食べるには材料を買ってきて、料理という準備に時間をかけなければならない。清潔な衣服を身に着けるには、こまめに洗濯しなければならない。心地よい部屋で過ごそうとすれば掃除が欠かせない。そして、食材を買うにも、洗濯機や掃除機を買うにもお金がいるから、これを稼ぐために仕事をしなければならない。もちろん、レストランへ行けば、準備をしないでも美味しい料理を食べられるのだが、それをするには高価な分だけ余計に働かなければならない。

満足を高めるための準備行為やお金を稼ぐ行為からは、直接に満足が得られるわけではないから（満足を得る人もいるが）、できれば避けたいのである。これらの行為のために多くの時間を使ってしまっては、直接満足を高める時間がなくなってしまう。当然人々は効率的に準備をし、お金を稼ぎたいと思う。

効率的に稼ぐ一般的手段は、学歴を高めたり、仕事の能力を身につけたりすることである。これらの目的を効率的にしかも安く達成したい。当然、安く効率的に勉強できる学校を選ぶことになる。

家事を効率的にする家電製品が売り出されれば、欲しいと思う。準備のために使う時間を節約できるからである。しかも、できるだけ安く買いたい。その分、働く時間を減らすことができる。

このように、効率的に行いたい行為に手を貸す商品（機能本位商品と呼べよう）には人々は効率性と安さを求める。結果として、供給者間の競争が行われ、効率性が同じならば同じ価格が、また効率性がよいほど高い価格が成立する力が働く。結果としてそう大きな価格差は実現しない。

実は、もう一つしなければならないことがある。人間には、明日に不都合が予想されると、今の満足度が下がってしまうところがある。これを避けるために明日の心配を解消しようとする。将来の生活が心配なら貯蓄を増やさなければならない。健康が心配なら身体を鍛えなければならない。嫌いでも勉強をするのは将来が不安だからである。

このような将来不安を解消する行為そのものからも、直接に満足が得られるわけではない。将来のために多くのお金を貯めたのでは、いまの楽しみのために使うお金が少なくなってしまう。将来のための勉強ばかりでは遊ぶ時間がなくなってしまう。人々はやはり効率的に将来の不安を解消したいのである。

利回りの高い金融商品が売り出されれば行列ができるだろう。いざというときの補償を高めた保険商品はよく売れるだろう。効率的に将来準備ができるからである。このように、将来不安解消商品にも人々は効率性と安さを求める。そして、供給者間の競争が行われ、価格差は大きくならない。

では、衣料品や身の回り品などの場合、100倍ないしは1千倍の価格差ができる理由はなんだろう。もちろん、この種の商品を機能重視で購入する需要者はたくさんいる。時間を知るためだけに時計を持ちたいのであれば、正確で安い時計を買えばよい。世間並みに身なりを整える衣料品なら、たいへん安いものがある。事実、この種の需要者を対象とした低価格品を売る供給者が存在している。

ほめられるためなら高価でも

なん度も説明したが、人間にはそれだけでは満足できないところがある。人間は、衣料品やバッグなど身の回り品で身を飾って、周囲から評価を受けたいという強い欲求の持ち主でもあるのだ。いわば「ほめられ欲求」である。高い評価を受ける手段としては、多くの人がうらやましいと思うものを持ったり、身に着けたりするのが一般的である。その例がいわゆるブランド商品である。このときのブランドを「ほめられブランド」といった。

ほめられるためには、他人からの評価面で優位に立たなければならない。だれもが購入可能では自慢にならないわけだから、ブランド品企業はこの意味で高い価格設定を行う動機を持つ海外のブランド品ならば輸入総代理店制を敷いて独占状態を作り出し、高い値付けを行う。

しかし、自慢にならないものを高く買う人はいないから、供給者は商品への「うらやましさ」を高めるために、ブランドイメージの向上のためにあらゆる努力をする。そして、少しでも優位な「ほめられブランド」の確立に成功すれば、高価格でもそれを買って評価を受けたい需要者が現れる。結果として、機能重視で購入される商品との間に大きな価格差がついてしまう。

機能本位の商品でも、「ほめられ欲求」を満たそうとする場合がある。教育機関のサービスは機能本位商品といったが、「ブランド大学」という言葉がある。それには、その大学に入学あるいは卒業することが、うらやましがられる要素を持つという意味合いがある。ブランドを確立できれば、多くの優秀な受験生がおしかけ、より優位なブランド形成につながる。

この種の機能本位の商品でも、大学のようにその消費がその人についてまわる場合には「ほめられブランド」を付け加えて売り上げを伸ばす余地があることになる。

携帯電話は腕時計と同じように、身の回り品であるとしてよい。しかし、高価なブランド品が登場したとの話はあまり聞かなかった。これは、なお技術的に発展途上の商品であり、人々は最新の技術を駆使したものを買おうとし、それが自慢にさえなった。ここのところ、携帯電話も技術的に成熟し腕時計やバッグのような高価な商品が登場しつつあるようだ。はたして高級ブランド品といわれるものに育つかどうか。

7、「サービス」を求めるとき予約するわけ

「不都合」を避けるための予約

私たちがサービスを購入しようとするときよく予約をする。飛行機や新幹線を利用するとき、テニスやゴルフなどのスポーツをするとき、宿泊するとき、宴会場を利用するとき、また医者にかかるときもそうである。

一方、工業製品など「もの」を購入する場合は、予約などせずに小売店にでかける。通販の注文は予約のように見えるが、あれは店頭で店員に購入の意思表示をするのと同じことである。

ではなぜサービス購入の場合は予約をとるのだろうか。消費は時間的にかなり偏在化したも

のである。サービスでいえば、飲食店に対する需要は飯どきに、スポーツ施設に対する需要は土、日、祝日に集中する。供給者がその需要のピークに供給能力を合わせれば、消費者は思ったときにサービスを利用できる。

しかしそれでは、供給者にとって非需要期に供給能力が遊んでしまって採算性が落ちる。それよりも、需要のピークよりかなり下のレベルに合わせた供給能力をもつことで、平均の稼働率を高めたほうが得策である。結果として、需要期には思うようにサービスを利用できない人が多数出てくるのだ。そのため、人は泊まるところがないなどの不都合を避けるために予約をとるのである。

一方、「もの」は在庫ができるから、在庫をもつことでピークの需要に備えることができる。「もの」商品は土、日、祝日によく売れるが、平日などに前もって生産したものを店頭に並べればすむことで、予測がまちがいないかぎり商品が足りなくなることはない。

昔は、消費といえば「もの」消費が中心だった。それが今日では、サービス消費の割合は44パーセント（家計調査）に達している。また、企業においても、工場などの生産現場で働く人の割合が減り、本社や支社、営業所などサービス部門で働く人の割合が大きく増えている。

サービス部門では、他の部門の人、また他企業の人との打ち合わせ、会議、商談などをする機会が多く、予約をとっておかないと仕事がスムーズに進まない。忙しいビジネスマンの手帳には予定がぎっしり記入されているが、あれはほぼ予約をとられた結果である。

情報技術の進歩も原因の一つ

昔は、企業でいえば同じ課の連中が余暇仲間であった。課の仕事が終わると、そろって遊びにでかけた。カラオケやマージャンである。休みの日にはみんなでゴルフをやった。このときは、仕事場に一緒に遊ぶ仲間がいるのだから、予約らしい時間約束はいらない。

ところが、余暇の多様化が進むと、余暇仲間を広く求めなければならなくなる。となると、前もって参加者の予約をとっておかないと、余暇活動ができないのはいうまでもない。

子どもの世界でも、予約化が進んだ。一昔前の子どもは遊びに行ってからなにをして遊ぶかを決めた。ところが、今日では、遊びに行く前に、電話で相手の都合を確かめる。その段階で遊びの内容までが決まるという。

まさにいま、社会全体でサービス化が進行し、人々の行動が変わって、予約をとる機会が急増しているのだ。

もう一つ、予約行為を増やした要因として、情報伝達技術の進歩があった。予約をしたくてもその手間がたいへんなら、予約化はその分遅れただろう。ＦＡＸ、電子メールの普及、またネットによる交通機関などの予約システムの発達は予約を簡単にしたのである。

時間約束の機会はそうはなかった時代でも、結婚式や葬式の開始時間など、予定を決める必要はあった。しかし、時間約束を守る習慣が乏しかったために、１時間程度遅れるのが普通であった。そして、人々は地名を時間の前につけて「なになに時間」と呼んでいた。このような予約時間が守られない社会なら、それを前提に社会の仕組みがつくられる。

しかし、今日では、予約が網の目のように出来上がっており、予約は守られることが前提になって社会が機能している。こんななかで、予約を守らない人がいると、損害を受ける人が多数出てきてしまう。

たとえば、マージャンの約束をしていたのに、1人がその約束を破れば、他の3人はせっかくの時間を楽しめなくなってしまう。演劇の主役が出演をすっぽかしてしまったら、観劇者、また他の出演者やスタッフの時間を無駄にしてしまう。工場に部品が届く時間が遅れれば、工場は生産の開始ができなくなる。

しかし、本人は努力しても、時間約束を守れない人がいる。このような人は信用を失い、生きにくくなってしまうようだ。こうなると、時間約束に遅れないようにする商品が求められるようになる。適切な出発時間を教えてくれるネットサービスを利用する人は多いが、一つの例である。

実は、この急増する予約機会が別の形でビジネスに結びつくようになっているのだ。パック旅行商品は、交通機関や宿泊施設、またイベント会場の予約をとり、それらを組み合わせて商品化したものである。また、旅行会社は予約代行の仕事もしている。

予約には情報、知識、経験、手間等がいるものがあり、この場合こそ、ビジネスの対象になりやすい。サービスは質、価格、時間、場所という四つの次元をもっているから、うまく予約をするにはそれだけ多くの情報がいる。また、旅行の場合には待ち時間を節約するなど「つなぎのタイミング」が重要になってくる。慣れていない人は、専門家に任せたほうが手間がかからないし安心である。

専門化・細分化・複雑化が進む

企業や団体では、外部のサービスを融合してイベント、たとえば講演会を催す場合がある。当然、目的に合った講演者についての情報がいる。得意な分野、話の面白さ、講演料等の情報である。時間と場所という条件を合わせなければならないから、何人もの候補者をリストアップする必要がある。これらの豊富な情報をもつことで、主催者の条件を満たすような講演者を予約するというビジネスが成り立つことになる。そして、現実にこのような紹介ビジネス業者が存在し、予約代行サービスを供給している。

この種のサービスは需要者それぞれの事情に合わせるという相対取引だが、なかには予約の権利が市場性をもつ場合がある。航空会社にすれば、品がよくてもの静かな乗客のほうが望ましいだろうが、客を選択できるわけではない。このとき、時間と区間を特定化した予約券が商品化され、流通するようになる。

その典型が国際航空券である。大手旅行業者が航空会社からまとめて予約券を購入し、パック旅行を企画してこの商品を自ら売ったり、予約券を小売店にあたる他の旅行会社に卸すのである。そして、この小売店は最終需要者にこれを販売する。もちろん、需要の動向によって価格が変動する。

同じような市場が成立する分野は他にもかなりある。野球場、サッカー場、劇場などの入場券、鉄道の指定券がこれで、チケット販売業が存在する。

野球場へ行くと、「だんな、いい席ありますよ」などといってダフ屋が近づいてくるが、これは予約流通業者だということになる。余っている人から予約券を買い、欲しい人に販売しているわけだ。もちろん、迷惑防止条例違反である。

今後、サービス経済化が進むにつれて予約の機会がさらに多くなることは必然である。情報技術の進歩もあって、その中から、予約代行ビジネスや予約流通業で扱われるものが増え、これらの市場分野がさらにふくらんでいくことだろう。ただし、個人が詳細な予約対象情報と高性能の情報機器を持つようになったのだから競合がおきるだろうが。

8、お客を選別しない時代の集客法

施設の雰囲気を作るのは客

飲食店の商売を妨害しようとするとき、汚い客や怖い客を出入りさせる方法がある。これをやられると、他の客は寄り付かなくなって売り上げが激減してしまう。

サービス産業の場合、多くの客がその店や施設内で消費を行う。そして、客同士がその場の雰囲気を作り出すのだ。その雰囲気が悪ければ、供給されるサービスの質が悪いと感じ、客足は遠のく。いわんや、汚い客や怖い客がいては他の客は逃げ出してしまう。

集客力を高めるには、よい雰囲気を作り出す客だけを集めればよいとのアイディアが浮かぶ。これには、店に入れる条件を定める方法がある。しかし、細かい条件だと、客の見極めに時間と手間がかかってしまうし、トラブルのもとになる。

現実に条件をつけている業種はあるが、それは性、年齢といったひと目で判断ができるおおまかなものが多い。女性専用の宿泊施設や飲食店がある。女性専用の大学がある。子どもお断りの温浴施設がある。さらに、紹介がないと利用できない飲食店がある。会員制の施設など、入会に条件をつけているところもある。

条件をつければ、その分、潜在的マーケットが狭くなるように思える。女性だけにすればマーケットは半分になってしまう。それでも、条件をつけたことによってサービスの質が高まれば、客が増える可能性がある。

女子大では「箝がとれる」!?

では、性、年齢、紹介が必要などの単純な条件をつけることで、現実にサービスの質は高まるのだろうか。

そうなる理由はいくつかある。たとえば、人間には同じような条件の人と一緒にいたいところがある。そのほうがリラックスできるというのだ。国立大学を定年で退官後、女子大に移ったある先生によると、国立大学の女子学生は一種の緊張状態にあるが、女子大ではその緊張がとれてしまうという。その先生はこれを「箝がとれる」と表現していた。

だいぶ前、ある国立大学の学生食堂に女性専用コーナーがあるのを見たことがある。今日、女性専用の簡易なフィットネスクラブが繁盛しているという。

大学など教育機関は、試験で学生を選抜する。あるレベル以上の学力の学生を相手にすれば教育効果が上がり、サービスの質が向上するからだ。もちろん、学生にとっても同じ学力レベルの学生と一緒に勉強したいとのニーズがあるだろう。

客に条件をつけるのではなく、サービス供給を客の属性に合わせて別々に行うケースもある。鉄道会社は女性専用車両や禁煙車両を設けた。教育でも、到達度別クラスを編成する学校がある。

客に条件をつけることでサービスの質が高まり集客力が増すならば、あらゆるサービス企業がこれをやるように思える。しかし、現実にはそうではなく、ほとんどの宿泊施設や飲食店は男女とも利用可能である。一般にフィットネスクラブは男女ともに歓迎される。男女共学の大学は多数派である。

これは、選別を求める客に限りがあるからと考えられる。客に条件をつける供給者が増えすぎると、選別を求める客の取り合いが生じる。つまり、条件をつけたことによる集客メリットが、マーケットを狭めるというデメリットを下回り、集客に支障を来たす。結果として、条件をつけたサービス供給者は一定数以上は増えなくなるということだ。

たばこは転売できてしまう

製造業では、客に条件をつけることは特別の場合を除いて行われないが、これにははっきりした理由がある。需要者を選別しようとしてもできないのだ。

仮に、製造業者がある商品を買う客に条件をつけたとしよう。しかし、条件を満たさない客は、条件を満たした客から買うことができる。未成年者はたばこを買えないが、大人に買ってもらうことは不可能ではない（手に入りにくくなるが）。

モノはとっておけるが、サービスそれ自身は機能であり、転売ができない。フィットネスクラブが客に条件をつけたとして、そこで提供を受けたサービスを、条件を満たさない人に売ることはできない。

もう一つの理由は、製造業が客を選別しても消費の場の雰囲気というサービスの質とは関係がないことである。それぞれの客は購入した商品を使って、それぞれ別途にニーズを満たすのであり、自分以外の誰が買おうが商品の質には影響を及ぼさない。これも、モノはとっておけて運べるため、その場でニーズを満たす必要がないからである。

客の選別がある程度集客に効果がある第三次産業（サービス産業ともいう）のウエートが高まると、供給者による条件設定のケースが増えていくのだろうか。

第三次産業には、成長率が高くサービスとは異質の商品を供給する情報産業が含まれる。情報の収集では、映画館のように多くの顧客が一緒に行うことがある（映画館は映画を見る場所を提供するというサービス提供者の性質も持つ）。だが、たいがいは情報機器や、本、新聞、雑誌などの媒体を使って個別に行い得る。情報はとっておけるし、伝達が可能なため、サービスよりもモノに近いのだ。

そうなると、情報の場合、需要者の選別が難しいことになる。現に、子どもにとって望ましくない情報に子どもがアクセスしないようにしよう、との社会的要請がある。映画館のように、サービス的要素をもつ情報提供者の場合、子どもの入場を禁止することはできるが、個別に情報の入手が可能な場合はそれだけ対応が難しくなってくる。

今日の社会は、市場戦略にしても、社会問題の解決にしても、サービス、モノ、情報といった取引対象の性質をきちんと理解した上で行わないと、目的達成が危うくなる環境にあるのだ。

9、「なつかしい思い出」を商売にする法

記憶喪失症が怖い理由とは

街でばったり昔の友人に会うと、「懐かしいなあ。その辺で一杯飲んでいこうか」ということになる。当然、思い出話がはずんで時間が過ぎていく。

人間は思い出に惹かれる。そして、その思い出は多方面にわたる。思い出の校舎や先生、昔飲んだ飲み物、旅の思い出、思い出の歌、などである。これらに接すれば、昔の記憶がよみがえり「懐かしい」との感情が生まれ、心地よいのだ。

思い出とは自分の行動に関する記憶である。あることに深く関わった場合に思い出として残るのだ。数年間学んだ校舎、練習に汗を流したコート、そのとき身につけていたユニフォーム、よく聞いたり口ずさんだりした歌などがこれである。

もちろん、長く関わっていても、単調に過ごしているだけでは思い出として残らないようだ。楽しいことでも、つらいことでもいい。記憶装置に刻み込まれるような体験が必要なのだ。怖い先生などは思い出の対象になり得る。練習がきつかったから、そのコートに立ったとき、昔

がよみがえってくるのだ。

ではなぜ思い出は楽しいのだろうか。ひとりで思い出に浸ることはあるが、やはり相手がいたほうが楽しい。となると、この疑問は二つに分けられる。一つは思い出に浸ることが楽しい理由であり、もう一つは同じ思い出を共有するものと一緒のほうが楽しい理由である。

思い出は「自分は何者か」を規定するのに重要な要素である。筆者には記憶喪失症になって過去の記憶が失われた経験があるが、自分が何者なのかがわからなくなってたいへんな不安を感じた。過去の自分史の記憶があって、はじめて自分を規定できることを思い知らされた。

同時に社会的存在である人間は、社会的出来事のなかで自分を規定する。自分が生きた社会環境にも興味を持つのだ。そして、思い出がたくさんあるほど、自分の存在が明快になり、人生が豊かに感じられるのだろう。人はその思い出を蘇らせることで満足を味わうのだ。

懐かしい→心地よい→買う

もちろん、苦い思い出というものがある。人を傷つけたりしたことなど後悔していることがそうである。思い出しては苦い思いをするという形で記憶装置に深く刻まれており、何かにつけて表面に出てくる。もちろん、その苦さが薄れたり、楽しい思い出に変わることもある。

世の中には、思い出を共有した人々がいる。クラスメートや、スポーツ仲間がそうである。彼らは、共に目的を持ち、それを共に行ってきた仲間である。

子どものときの遠足の話になって「あのとき、あいつ川に落っこちたよな」と誰かがいうと、それがみんなの記憶によみがえる。「そうだっけなあ」とその思い出にみんなが共感し、同時にみんなが自分の人生を豊かに感じる。

それと共に、自分の人生が評価されたような気になれる。同じチームのプロ野球ファン同士でチームや選手について語り合い、嬉しくなるようなものである。

このように、思い出は人々の満足を高めるものだから、「思い出商品」なるものが登場するのが自然である。

まずは、多くの人によって共有されている思い出がある。その時代、時代に共通に経験した事柄である。その典型が流行した歌である。その歌に接すると思い出がよみがえり、心地よさを感じるのだ。

現に、「思い出のメロディー」とか「懐かしの歌声」という番組があって、高い視聴率をとっていた。懐メロのCDも売り出されている。思い出に接したいという需要があるからである。そして、歌声喫茶のような場が思い出を共有した人々によって支えられ続ける。

昔、みんなが口にした飲み物や食べ物がある。それを店先で見つけると、「懐かしいな」ということで、つい買ってしまう。ラムネという飲料がある。最近ハイボールが飲まれるようになっているが、あれも思い出商品の要素を持つという。

過去を共有する思い出商品

人には自分がここまで生きてきた人生がある。この思い出を自分の記憶装置以外のところに記録しておくことで、人生を豊かにしたいとのニーズがある。

昔から日記が書かれてきたが、今日では個人の思い出を整理して本にすることが商売になっている。子どものために、絵日記、作文、絵画などを一冊の本にまとめる商売がある。人は思い出を残すために写真やビデオを撮ったりする。これを、結婚披露宴で新郎新婦の紹介のために編集して上映する商売がある。人は自分の人生を知ってもらい、共に味わいたいとの欲求があるから成立するのだろう。

思い出を共有した小グループがある。クラスメート、スポーツ仲間、音楽仲間などだ。このとき、思い出をよみがえらせる会を開く。クラス会がそうである。昔の仲間が集まって、酒を飲みながら、思い出を鮮明にし合って楽しむ。その場を提供するのが飲食店である。

思い出に浸るのは心地よいのだが、これは消費的行動であって、生産的ではない。人が思い出に浸ってばかりだと、社会は停滞してしまう恐れがある。一方、時間軸の反対（未来）にある夢を持つことは人間にとって楽しいし、それを実現していく過程に喜びを感じるものである。そして、夢が達成されれば、欲喜するし、結果が社会的貢献につながることが多い。まさに、思い出だけではなく、夢を持つことが人生を生き生きさせてくれるし、社会の活性化につながるのだ。バランスが必要だということだろう。

昔のほうが夢を語り合って楽しむ機会が多かった。昔のほうが夢を持ちやすかったし、それぞれの夢に評価が伴った共感が得やすい環境にあった。貧しかったため満たされない欲求が多々あったからだろう。

今日のように社会が成熟すると、夢から思い出のほうにウエートが移る。夢を持ちやすい社会づくりが、社会の閉塞感を打破する上でも、生き生きした人生を送る上でも求められているといってよい。

10、欲求と不安を刺激すれば需要が増える

「そういえばあれをしたかった」を喚起

商売は、自分の商品を客に選んでもらうことでうまくいく。それには、質の良い商品を安く供給すればよいようにも思える。だが、そのためには需要者が商品に関する十分な情報を持っていて、適切な選択ができる状況になければならない。

企業が需要者である生産財の場合は、担当者が仕入れ商品の質の判断ができなければ仕事にならないから、この条件を満たしていよう。だが、これを一般の消費者に期待するのはまず無理である。どの風邪薬が自分の症状に効くのかの判断力を持っている消費者はごく少ない。

パソコン等の耐久財の機能についてもそうだろう。この消費者の商品情報が不完全であることが、売り手にとってさまざまな手段を現実化させてきた。

テレビCMに登場する商品は自動車、電気製品、薬、化粧品、食料品、飲料などの消費財がほとんどである。消費者の商品知識が不完全なため、広告宣伝にお金をかけることが報われるのである。「これこそがわが社が提供する質の高い商品である」ということを消費者に繰り返し訴えることで、消費者にとって高い質の指標となりうるブランドを形成する。

それだけでは不十分なときがある。商品が優秀だと分かってもらえても、客にその商品を購入するニーズがなければ買ってはもらえない。すなわち、ニーズを喚起することが必要になってくる。同時に自社商品でそのニーズが満たされることを示せば売り上げにつながるのだ。

人間は自分の欲求を忘れていることがある。スーパーの食料品売り場に「鍋が美味しい季節になりました」との広告を出せば、「ああ、そんな季節になったのか」と消費者は自分の欲求を思い出し、鍋の材料に手を伸ばす。

「日本海の夕日を見に行きませんか」との広告を目にすれば、「一度見たいと思っていたんだっけ」と思い出し、旅行会社のインターネットにアクセスする。

金儲けやほめられ欲求を刺激

直接刺激して新たな欲求を喚起することも行われる。なかには、「本当かいな」と思うこともあるが、よく経験するのが次のような例である。

金融関連の会社から電話がかかって、「これに投資なされば大きく増やせますよ。いまがチャンスです。金利が安い銀行預金はお金を無駄に寝かしておくようなものです」などという。

まさに、儲けたいという欲を刺激して、投資させる戦略である。そんなに儲かるなら投資信託会社などのプロが利用するはずだが、そうでないところをみると、たまには儲かるのかもしれないが、損をする場合もまた多いということだろう。

買う気がなくても衣服売り場をのぞくことがある。すると、店員が寄ってきて「これはお客様にたいへんお似合いですよ。お友達からセンスがいいといわれますよ」といって、衣服を客の身体にあてて、鏡を見せる。「そうかなあ」と思いながらつい買ってしまう。そして、家に帰って、家族の前で着てみせると、「なに、それ」などといわれたりする。

人間のほめられたいとの欲求は大変強力だが、それを刺激された故の買い物である。「この商品こそ、お客様のような方にふさわしいものです」などといわれる場合もある。ファッションに対する評価は人によって大きく違うから、必ずしもウソというわけではないが——。

教会や寺社はなぜ立派なのか

人間は明日に不安があると、いまが楽しくないから、この不安を解消したいとの欲求が強い。これを刺激する例がある。

保険会社は「人生にはリスクがいっぱいです。いざというときのためにこの商品を」という。神社では、家内安全や商売繁盛を売り物にする。ある集まりに出たら「あなたの将来には危険が待っています。このお札を買えばその危険を免れます」といわれたとの話を聞いたことがある。だいぶ昔のことだが「25歳はお肌の曲がり角」との内容のＣＭがあった。化粧品のＣＭである。

不安が解消すればいまの満足が高まるから、将来に夢が持てる。夢実現の可能性があれば、満足度はさらに高まる。夢実現にはそれを可能にする知識や技能を身につけるのが早道である。教育機関の広告は、「若者よ、世界に羽ばたこう。この学校こそ、その夢を実現します」という内容を謳う。夢実現には運が作用するとの認識を多くの人が持っているから、金運向上、恋愛運向上などを掲げて集客を図るところもある。

欲求を刺激するとともに、「わが社の商品でその欲求を満たしてみなさい」と訴える。だが、消費者がその売り手と商品を信じられなければ乗ってこない。そのため、売り手にとっては、消費者に信じさせるための手段が必要になる。それには、その筋の権威を利用することが多い。

テレビや新聞といった広告媒体はその権威の一つである。「テレビでやっていた商品だもの」というわけである。宗教団体は立派な建物を建てる。治療、若返り、ダイエットの権威が登場し、その商品にお墨付きを与える。ファッションの権威がいる。予測や投資の権威が登場する。

衣装が信頼に関係する場合がある。銀行員はきちんとした身なりをする。パイロットやバスの運転手は制服を着る。医療関係者は白衣を着る。僧侶は袈裟を身につける。僧侶がセーターでお経をあげたのでは「霊が成仏できないのでは」と思われてしまうだろう。

いまの世の中、商品の種類は膨大である。それぞれの供給者がニーズを喚起し、消費者に選んでもらおうと工夫を凝らしている。消費者が豊かな消費生活をするには、情報を身につけ、判断力を磨くなど、高い能力を必要とする時代になったのだ。

今日、消費者に対する情報提供や消費者教育の意義はますます高まっている。そして、多くの人が消費能力を身につければ、市場から粗悪な商品が淘汰され、高齢者など高い消費能力を持たない人にとっても、豊かな生活につながるのだ。

11、「タイガース居酒屋」に客が集まるわけ

みんなで応援すれば心地よい

親しい仲間で酒を飲みながら、プロ野球を話題にすることがある。4人いれば、ひいきのチームが分かれる。自然に上位にいるチームのファンは雄弁になる。下位のチームのファンは「見てろよ、そのうちにひっくり返してやる」と思いながらも、自慢話を聞かされる。

上位チームのファンの中にも気配りの利く人がいて「○○もいいよな」などと下位チームの選手を持ち上げる。気を使いながらのプロ野球談義は盛り上がらず、間もなく話題は他に移る。

4人が同じチームのファンだと分かったときは意気投合する。評価の軸が一致したのである。「あいついいじゃないか」、「今年は優勝だな」と誰にも遠慮せずにチームを称えることができ、話を聞いているだけで心地いい。阪神タイガースファンだけが集まる飲食店があると聞くが、集客力があるのが分かる。

世の中には評価の軸が一致する集団が多々ある。球場での野球の応援団はまさにそうだ。ひいきのチームを勝たせたいという軸が一致しているのだから、その中にいるとたいへん心地よい。反対側には相手側の応援団が陣取っているが、これによって評価の軸はより先鋭化する。

サッカーのワールドカップが開かれると、多くの日本人が大枚をはたいて海外に駆けつけ、日本チームの応援団の中に座を占める。日本国内でも、家庭のテレビで日本戦が放映されているにもかかわらずスタジアムなどに多くの人々が集合する。そして目の前で生の試合が行われていないにもかかわらず、大型のスクリーンを見ながら熱烈に応援するのだ。評価の軸が一致する集団の中にいる満足は、交通費と時間コストを補って余りあるのだ。

日常的に評価の軸が一致する集団は昔からたくさんあった。家族がそうである。所得の低い時代にはお金を稼ぐことこそが家族の満足を高めるもっとも重要な手段であった。当然、働くことに対しての価値が高く、主たる稼ぎ手である亭主に、家族は協力した。

ところが、豊かになるにつれて、「生活を楽しむ」の価値が高まり、仕事第一の亭主と家族の間で評価の軸のずれが見られるようになる。亭主にとって家庭の居心地は悪くなっていく。

軸が一致する集団が減っていく

会社もまた評価の軸が一致していた集団であった。他の会社に移る選択肢がそうはなかった時代には、所属する会社が倒産すれば、生活の術を失う。となれば、危なくなったとき、みんなで力を合わせて立て直すしかない。この時代、市場で求められている商品がよく見え、どうすれば競争力を増し得るかがよく分かったからそれに向かってみんなでがんばった。

所属する会社を繁栄させるという目的で団結がしやすかったのである。これは集団主義といわれる価値観を顕在化させる背景になった。すなわち、所属する集団を繁栄させることこそが個人の利益につながったから、集団の利益が個人の利益に優先したのだ。

しかし、社会全体に価値観の多様化という風潮が鮮明になっていく。パート、アルバイト、派遣社員、契約社員などの働くものの多様化が進む。正社員の中にも、中途採用者が増えてくる。評価の軸が交錯してくるのだ。

しかも、市場が見えにくくなり、どうすれば成果が得られるようになるのかわかりにくくなって、その意味でも評価の軸は一致しにくくなる。社員にとって居心地のいい集団ではないところが出てくるし、経営者にとっても会社をまとめて舵をとるのが難しくなる。

軸を一致させてまとまりを強固にするには、競争相手を見えるようにするのが有効だった。会社経営者は競争会社を意識できるようにすることで、社員にライバル打倒の動機付けをしようとした。国の為政者が国民をまとめようとするとき、仮想敵国を鮮明にするという手段を使ったものだ。しかし、根っこのところが多様化していれば、束ねるものが消えたとき、元に戻ってしまう。

評価の軸を一致させる法

こんな環境でも、人間は、評価の軸が一致している集団にいれば心地よいのだから、対価を払ってもそのような集団に惹きつけられる。評価の軸が一致する集団にいることが多かった時代にはなかったニーズが、価値観が多様化する時代には生まれることになった。このニーズをうまく満たせば、人を集められる。

その方法の一つは多くの人々の評価の軸を一致させ、心地よい機会を作ることである。プロ野球やサッカーのチームはファンを作ることで観客を増やそうとした。小学生を応援席に招待したり、ファンサービスの日を設けたりした。

もっと簡単なのは、特定の評価の軸を持った人を集めることである。その例が阪神タイガースファンだけを集める飲食店なのだ。

実際には、これらの方法を組み合わせたりして、評価の軸が一致する集団を作ろうとする。

たとえば、ボランティア組織は多くの人が賛同するような目的（評価の軸）を打ち出して活動を始める。人々は自分の評価軸と大きく離れない限りその軸に興味を示す。リーダーは自分たちの活動が社会的価値の高いものだと価値付けして、参加者の評価の軸を鮮明にしてまとめ、活動を活発化させる。

会社などそれまで軸が一致していた集団が崩れつつあるなかで、今後人々は、どこに居心地のよい場所を求めるのだろう。心地よい場所を整え一人で趣味に生きるのか。それとも、家庭を評価の軸が一致する場に再生しようとするのか。

それが難しいと考える人は、自分の評価の軸とうまく合った場所があれば出向くことになる。そういった人々が増えていけば、それぞれ評価の軸が一致した多様な場ができあがっていくだろう。

これらのニーズにあったビジネスモデルを工夫することで新たな産業ができ上がっていく可能性がある。少なくとも、社会の姿に影響を与える要素としては無視できないだろう。

12、なぜ美人は三日で飽きるのか

礼服のデザインは変わらない

パチンコ店を見ると惹きつけられて何時間も打ち続ける人がいる。パチンコ依存症という言葉まである。たばこを止めるには強い意志を必要とする。病気にでもならない限り、酒を断つのは大変難しい。飽きるどころか習慣になってしまう。

一方で、すぐ飽きてしまうものも多い。美しい景色を眺める目的で旅に出ることがあるが、素晴らしいと思った景色を長い間見ていると飽きてしまう。「美人は3日で飽きる」ともいう。美味しいステーキに感激することがあるが、日本人が3日間も食べ続けたら、見るのもいやになるだろう。

飽きるかどうかは、人間の感覚器官の性質と関係がありそうだが、必ずしもそれだけではない。

確かに右の例からも視覚は飽きっぽいとの想像がつく。ファッションは視覚で評価するものだが、流行の背景には視覚の飽きっぽさがある。

実は、衣服のなかにもデザインがあまり変わらないものがある。葬式や結婚式では着るべきものがほぼ決まっている。例えば男の礼服がある。あるべき服装に反するものを着ていくと、「なによ、あの人」とけなされる。人々はこの「けなされたくない」との基準を重視して行動するから、視覚が直接関係して飽きをもたらす要素は後退してしまうのだ。結果として、衣服のデザインは固定化していても気にならなくなる。

もし、縛りが弱く、他の衣服と同じように自分のファッションを評価されたいとの意識が前面に出るならば、視覚の性質が表面化してこんなことにはならないはずである。いや、他の衣服でも、社会の基準に反するとけなされるとの縛りが多少なりともあるものはそう自由ではない。例えば、会社にいくときはスーツを身につけるべきだ、などがこれだ。スポーツウェアにもこの要素が働く。

宇都宮の人は餃子に飽きない

味覚が関係するものは、飽きる場合と習慣がついてしまう場合がある。喫煙者はおなじ銘柄のたばこを吸い続けるものである。日本人は三度三度、ご飯と味噌汁を食べ続けても飽きない。お袋の味という言葉まである。習慣がついてしまえば飽きないのである。

伊勢海老は贅沢な食材である。ある産地で伊勢海老料理専門店に入った。次々と伊勢海老を使った料理が出てくるが、4品目ともなると飽きてきて、当分の間食べる気が起きなかった。ウニ、生牡蠣などを食べ過ぎた場合もおなじだ。

日本には、特定の食べ物の人口当たりの消費量が際立って大きいところがある。香川県のうどん、宇都宮の餃子、水戸の納豆などが有名である。これは、住民が子供のころから日常的に食べて習慣がついており、頻繁に食べても飽きなくなってしまった結果だと解釈できる。食べないと物足りなくなるのだ。

趣味のような行為でも、飽きてしまう場合と、楽しくて続ける場合がある。

講演をしたら、会場から質問の手があがった。「うちの亭主は趣味を持っていますが、いまひとつ楽しくないようなのです。どうしたもんでしょう」というのだ。「なんの趣味をお持ちなのですか」と聞き返すと、「ものの本には家の中でやる趣味と、家の外でやる趣味の両方を持ちなさいと書いてあったので、習字とゲートボールをやっています」という。

実は物事に打ち込めるには条件がいる。ただやっているだけではだめで、「挑戦・達成・評価」が満たされる必要がある。習字の場合も同じで、うまくなろう、今度の展示会では賞をもらおうとの挑戦の意識を持ってやらねばならない。そして、習字がうまくなること、また賞をとることに意義を感じていなければならない。義務感で出品作を書いてもだめなのだ。

普段は無口な人でも、自分の趣味の話になると止まらなくなる。経験談の多くは手柄話である。うまくやったことを評価されたいのだ。同好の徒は集団を作ることが多いが、自慢のし合いっこ、ほめ合いっこができることが関係しよう。

パチンコが飽きないのは、負けるかもしれないとのリスクを感じながら、「今度は絶対勝ってやるぞ」との挑戦の意識を持ってやるからだ。そして、勝てば嬉しいだけでなく、「実入り」という客観的評価がついてくる。パチンコで勝ったときに得られる「実入り」は一般的に評価しうるものだから、パチンコ人口はあんなに多いのだろう。おそらく、パチンコ店の経営者は自分の店でパチンコをやってもすぐ飽きてしまうに違いない。

「飽き」の裏に歴史と文化あり

このように、飽きやすいかどうかは、食べ物、着る物、また行為ごとにこの程度だと決まっているものではない。また、飽きやすさには人間の感覚器官の性質が重要な関わりを持つがそれだけではない。基本的には視覚は飽きやすいのだが、感覚器官の性質が後退してしまうような社会の基準、いわば文化的基準という縛りがどれだけかかっているかが影響する。

日常的によく食べられているかどうかは食べ物の飽きやすさを決める上で重要だが、背景にはその地で収穫しやすい食物や歴史的事情等による食文化がある。

また、趣味などの場合は個々の行為者がその行為にどれだけ意義を感じるかによって違ってしまうのだ。そして、「あいつ、ばかなことをやってる」といわれては意義を感じられないのだから、地域文化を含めた社会的基準の影響を受けるものだということになる。

いま、グローバル化が進んで、社会的環境は地域や国によって似たものになりつつある。となると、どこでも同じような消費行動が見られるようになるのだろうかという疑問が生まれる。

確かにそういった傾向はあるが、文化的環境の共通化は、家電などの利用によって生活を便利にしようというスピードほど速くない。文明の利器が急速に普及したから、なんでもそうなるだろうと考えるのは危険である。地域や国の文化的事情をよく考えないと間違いを起こすことになるのだ。

13、「有名人」とのつながりが安心と信頼を生む

室町時代まで遡った新郎紹介

テレビに有名人が登場したのを見て、「あの人、母の友達の従兄弟よ」と誇らしげにいう人がいる。自分とは直接関係ないのだが、なんらかの形でつながっていることが自慢の種になるらしい。友達の友達は友達なのだ。

以前は、結婚披露宴では、媒酌人が新郎新婦の紹介をしたものである。そのスピーチの内容は、新郎新婦の価値を高める義務を負っているかのようであった。「○○大学を優秀な成績で」とか「○○出の才媛で」は決まり文句である。優秀な成績、才媛は別として、学校とのつながりを知らしめるのが狙いだ。縦の関係のつながりにも言及され、学歴や社会的地位など親の立派さが紹介される。先祖に有名人がいればその偉さが披露されたあと、「新郎から数えて何代目の先祖にあたる」との言葉が続く。室町時代まで遡った結婚披露宴に出たこともある。

高い評価を受けるものとのつながりが尊重されるのならば、それをブランド形成に使えると考える人が当然出てくる。

別荘地の販売の広告に、「こんな人の別荘もある」との言葉とともに、有名人の名前が写真入りで載っているものがある。高級マンションの販売でもこの手が使われる。別荘地やマンションを通じてつながり得る価値を強調しているわけだ。「あの有名人が利用しているのだから、すばらしいところだろう」との連想を期待してもいよう。安心感を高め得る。

テレビＣＭには有名人を登場させ、商品を利用する様子を見せることでブランドイメージを高めることを意図している場面が多々ある。自動車、健康機器、ダイエット食品などだ。

ある地方都市でのことだが、周囲に墓地があるお寺があり、門の前には「この寺には○○先生のお墓があります」との立て看板があった。もちろん、○○先生とは歴史上の有名人である。有名人は死んでもブランド形成にひっぱりだされるのだ。

自慢になるための二つの条件

つながりだけではなく、見たこと自体が自慢の種になる。「○○さんを空港で見たわよ」というわけである。テレビでしょっちゅう見ているのに、実物はそれとは違うようだ。

ピラミットをテレビで見るのと、エジプトへ行って見るのでは価値がまったく違うようなものである。そして、実際にピラミットを見たことがある人は少ないからこそ自慢ができるのだ。

となると、有名人は集客力になる。大きな神社では節分に有名人の年男を招いて豆をまいてもらう。選挙演説会では有名な政治家に応援演説を頼む。プロ野球の最初の試合には有名人に一球投げてもらう。講演会には有名人を頼むなど、その応用例はたくさんある。

「つながり」にしても「見た」にしても、自慢の種になるには、二つの条件を満たす必要がある。一つは対象になる人を多くの人が知っていなければならない。少数の人しか知らなければ、「○○さん見た」といったって、「それ誰?」ということで終わってしまう。「つながり」の場合も同じである。

もう一つの条件は、「つながり」や「見た」ということに希少価値がなければならない。地域にも有名人がいる。しかし、住民がしょっちゅう目にしていれば、「見た」といったって住民のなかでは自慢にはならないのだ。

「見た!」だけなら極悪人でも

ただ、「つながり」と「見た」ではかなり違うところがある。「つながり」が自慢できる有名人は評判がいい人でなければならない。極悪人とつながりがあるといえば、変な目で見られかねないのだ。

一方、「見た」という場合は極悪人でもさしつかえがない。だから連続殺人犯の裁判には多くの人がつめかける。しかも人間である必要はなく、パンダでもいい。

テレビ番組で、ある場所が映し出されると「あそこへいったことがある」と自慢する人がいる。もちろん、有名な場所でなければ効果がない。この場合も、だれもが行ったことがあるのなら自慢にはならないから、やはり希少価値があるところでなければならない。

この希少価値とは「行きにくい」ところだ。日本国内よりも外国のほうが行きにくい。だが、これだけ海外旅行が一般化すると、だんだん自慢できる場所は少なくなってくる。それでも、南米のイグアスの滝やエジプトのピラミッド、南極など、有名かつ「行きにくい」場所は多々残されている。行った先がそれほど楽しい場所でなくても、「あそこへ行ってきたよ」と自慢できれば、その分満足が高まるから、人々を惹きつけるのだ。

観光地開発には交通が便利という条件が重要とされるが、すべての場所がこの条件を満たしているわけではない。けれども、交通が不便だということは、行きにくく、希少価値があることを意味するから、客を呼ぶ余地があるのはもはや明らかなのだ。

そんな辺鄙な場所を秘境と呼ぶことがある。「秘湯」というのもあって、「秘湯の会」なるものまで存在する。

だが、それだけでは客は来ない。自慢になるには有名でなければならない。矛盾のようにも思えるが、「有名な秘境」は客を呼ぶ条件を満たすのだ。南極は有名な秘境である。国内なら知床や小笠原諸島をあげることができよう。

そういえば、「もの商品」でもこの原理を応用したものがある。手に入りにくくすることで希少性を高めるのだ。おいしいとかめずらしいとか、評判がよければマスメディアがとりあげるから、この筋道で「有名」を確保する余地がある。特定地域でだけ採れる産物で作った土産品や飲食物が、その地域でだけ販売されていれば希少性を満たす。そして、有名なら遠方から客がきて観光収入を増やす。

とはいえ、これでは市場が狭くなる。そこで、市場を広げるために全国に卸したり、ネット販売のルートに乗せたり、大手企業とタイアップしたりする。するとと希少性が失われて売れなくなることがある。生産者が悩むところである。

第四章　「勝負の時代」にこの知恵と行動で勝つ

第四章　「勝負の時代」にこの知恵と行動で勝つ

1、優秀なリーダーを選ぶ

組織の目的は利益獲得&配分

今日、リーダーは選挙で選ばれることが多い。だが一方で、選挙方式が採用されない場合もまた多いのだ。

日本には約150万の会社が存在するが、そのトップは選挙で選ばれているわけではない。もちろん、株式会社には株主総会が取締役を選び、取締役会が代表取締役を選ぶなどのルールがあるが、実際には、現社長や会長などの実力者が、新しいリーダーを決めてきたのが実情だ。

このやり方が認められているのは、選挙によるリーダーの選択方法にはデメリットがあるとの認識があるためとしか考えようがない。それでは、ある場合には選挙方式がとられ、別の場合にはそれとは違った方式がとられる理由はどこにあるのか。

重要なのは組織の目的との関係である。すなわち、組織には成果獲得機能と成果配分機能がある。企業はより多くの付加価値あるいは利益を上げるなどうまく成果を獲得しなければならない。

これができなければ、従業員は賃金を得られなくなるし、失業の危機に見舞われる。株主は利益の配分を得られなくなる。企業という組織にとって、成果獲得は最優先されるといっていい。成果配分のあり方さえも、成果獲得機能を高めることを考慮して決められる。当然、より多くの成果を獲得できるリーダーを選び得る方法が採用される。

株主あるいは従業員といった利益関係者が、成果獲得という目的を達成するのにもっともふさわしいリーダーを選挙によって選ぶのは有力な方法だろう。

しかし、このときの選挙権者は、リーダーにふさわしい人物に関する情報を十分にもっているとはいえない。結果として、選挙受けはするが、成果獲得能力の低い人物が選ばれる可能性がある。選択を間違えれば、企業は市場競争をうまく戦えず、構成員が大損害を被ってしまう。

それよりも、リーダー候補者に関する情報を十分もっていると考えられる現社長や会長などにリーダーの選任を任せたほうが有効だとの考え方が表面化した結果が現行方式なのだろう。そして、株主総会はそのチェック機能の役割を果たせばいい、というわけである。

スポーツの監督は独断で決定

成果獲得が優先されるのは企業だけではない。スポーツでは勝利という成果が求められるし、リーダーの能力が勝敗を決する上で重要である。この種の組織のリーダーの場合、選手あるいは利益関係者による選挙で選ぶのは不向きだ。事実、スポーツチームの監督は、この能力情報を十分にもっているとされるものが選ぶ。

一方、成果配分機能に重点がある組織がある。国や地方自治体はその典型である。これらの組織の主たる目的は国民や住民といった構成員の満足を高めるところにある。そのためには税金や手数料を徴収することで収入を確保する必要がある。それには合意を得られるような税制などを定めればいいのであって、企業の場合のように競争を勝ち抜いて成果を獲得する性質のものではない。

こうして集めた租税収入等を使って、何に重点をおいて公共サービス（教育、安全、環境など）を供給するか、福祉政策をどうするか等が、リーダーの主たる意思決定になる。そして、リーダーの選択においては、「成果獲得」というわかりにくい能力ではなく、収入を確保する制度（税制等）とその資金の使い方についての考え方が問われる。

これは選挙公約で表現できるような比較的わかりやすいものであり、選挙権者の情報不足の問題が顕在化しにくい。また、配分を受けるのは国民あるいは住民であるという意味ではっきりしており、間接あるいは直接選挙の違いはあるが、受益者による選挙がうまく馴染むのだ。

基本理念と部下を生かす力が

しかし、選挙方式では、「成果獲得」面で極めて高い能力を発揮する天才的な政治家が選ばれにくいことになるのは仕方がないことである。

政治でも、成果獲得が求められるときがある。その一つが外交で、失敗すると国民に不利益をもたらす。また、景気対策や経済成長戦略などでも成果を上げなければならない。今日のような複雑な時代に、これらをうまくやるには高度な専門知識や優れた手腕が要る。

リーダーは基本理念をもち、実行にあたっては外交の専門家集団、経済政策の専門家集団、すなわち官僚などの高度な知識や能力を生かして補完せざるを得ない。その生かし方の能力がリーダーには求められる。もちろん、責任はリーダーがとる。

労働組合の場合は、経営側という明快な相手が存在し、これと対抗してより有利な処遇条件を得ようとする。その意味では、成果獲得能力が求められるが、リーダー選任に選挙方式が採用される。戦い方の手段としては、市場競争を戦って成果を獲得するのとは違い、多くの選択肢があるわけではない。このため、組合員による選挙のデメリットは顕在化しにくいということだろう。非選挙権者は基本的考え方を問われるのだが。

組織を取り巻く環境が変わると、リーダーに求める資質が違ってくる。平穏なときは、成果配分を公正にやるリーダーの人気が高いが、環境が厳しくなると、成果獲得能力に優れたリーダーを求める傾向が強まる。選挙で選ばれる組織でも、別の方式がとられる組織でも同じである。

たとえば、企業の場合、組織の存在が危うくなれば、それまで順番を考慮して選ばれていた社長ポストに、順位を何人も飛び越して成果獲得能力の優れた者が選ばれることが多々ある。外国人がトップの座に就くことさえある。

これは、国の政治も同じである。日本はいま長期的経済の低迷、莫大な財政赤字、安全保障問題少子化など、解決が難しい問題を多く抱えている。しかし、実際の政策の重点はなお配分にあり、経済の足腰を強めて成長力を高めるなど成果獲得のほうへウエートがかかったようには見えない。

いまこそ、明快なビジョンをもち、その実現という成果獲得に軸足をおいた政治家が求められているのだ。

2、「非組織人間」の行動が改革を生む

世話好きで何かと組織を作る

組織のなかで役割を果たすことに生きがいを感じる人がいる。「組織人間」である。人に気を使い、困難な意思決定をし、失敗すると責任をとらされるから大変なのだが、このタイプは組織のなかの難しい仕事を任されると生き生きする。

彼らは、組織のなかで出世することを望む。上にいくほどより重要と思われる仕事をするこ

とができるし、組織を背負っているような気になれるからだろう。また、組織のなかで評価されることにことさら喜びを感じるようだ。

さらに、機会があると組織を創ってしまう。たまたま昔の仲間が集まると、「定期的に一緒に飲もうや」とふれあいの会の創設を提案し、世話役を買って出る。組織の目的はなんでもいいようで、「これから稲庭うどんを食べる会に行くんだ」という大学の先生に会ったことがある。人間はふれあいが好きだが、会の世話は面倒だという人が多いから、なかにこのような組織人間がいなければ会は成立しない。

一方、組織の仕事にあまり生きがいを見出し得ない人がいる。「非組織人間」である。このタイプの人は、できれば責任の重い仕事は避けたいと考える。大学の教師を観察していると、組織人間と非組織人間はかなり明快に区別できる。

学部長は学部内の選挙で選ばれるのだが、能力があるにもかかわらず学部長になりたくない人がいる。教授会では発言などはせず、多くの場合居眠りをしている。発言したくてもじっと我慢するのだ。なかには我慢ができなくて、発言してしまう非組織人間がいる。結果、学部長など組織管理の仕事をさせられ、愚痴を聞かされることになる。

大学の非組織人間は多様

では、大学の非組織人間は何に喜びを見出しているのだろうか。

たとえば大学外の仕事に忙しい人がいる。講演、テレビ出演、官庁の審議会、執筆などである。組織内の仕事ではなく、組織外、すなわち市場の仕事に生きがいを感じるのだ。この種の仕事で忙しくなるには外部から能力を認められなければならない。市場で評価されたいという意味で、この種の人間は「市場人間」といったらいいだろう。

これとは別のタイプの非組織人間がいる。大学でいえば、好きな研究など自分のしたいことに没頭する人である。趣味に喜びを見出す人もこのタイプだ。長野県の山のなかに、私設の天体観測所を造って、休みになればそこに籠もる人がいた。「道楽人間」とでもいおうか。

大学というところは一つの組織ではあるのだが、教師の組織化はゆるいといっていい。基本的には、義務化されている授業をちゃんとやっていれば、それだけで組織から放り出されるリスクは小さい。その授業の履修者が少なくても、評価が下がるわけではない。それに、夏休み、春休みが長く、自由な時間がとりやすいことが、好みに従って生きられる条件を作り出している。

もちろん、助教よりも准教授のほうが、准教授よりも教授のほうが給料は高いし、社会的受けもいいから、多くが教授になろうという動機を持つ。これには論文や学術書を書くなどの業績を必要とし、どのタイプの人間も若いときはこのために時間を費やす。人間のタイプがはっきりするのは教授になってからである。

いまや失敗するのが当たり前

企業は組織のしばりが強いためか、何に生きがいを見出すかで分けた人間のタイプがはっきりとは見えないようだ。多くの給料を得るには組織のなかで昇進する必要がある。それには組織のために貢献しなければならない。これでは、だれもが組織人間のように見えてしまう。

ところがこのところ、組織のなかで昇進したくない、管理職には関心がないという人が増えているという。その理由を一言でいえば、出世することによって得られるいい思いが、そのためにかけるコストに比べて少なすぎると思う人が増えたということだ。

苦労して出世したら、労働時間が長くなり、責任が重くなり、失敗すれば責任をとらされる。その割には見返りが少ないというわけである。

こう思う人が増えるのには理由がある。昔は市場がよく見えた。このとき重要なのは、製造業でいえば生産現場である。ＱＣ（品質管理）運動が重視された。また、規制が強い銀行は、そのなかでどれだけ預金を集めるかが繁栄につながった。

だが市場が見えなくなり、どのような商品を市場に出すか、どう資金を運用するかなどの意思決定の良し悪しが企業成果を左右するようになった。規制緩和は選択肢を増やし、経営方針の決定は当然だが、意思決定はたいへんリスクの高いものになっていった。失敗するのが当たり前の環境といってもいい。

こんな状況で、失敗したとき責任をとらされてはたまらない。成功することで高い見返りが得られるなら挑戦する気にもなるが、日本の評価システムはそうなっていない。役員などとして長期に報いることはあるが、そこにいくまでに倒産やリストラ対象になる可能性が高まっている。これでは、非組織人間は、昇進して重要な意思決定にかかわりたくないと思うのは不思議ではない。

従来の、生産現場が重要で、リスクの小さい環境とは違うのだ。

昇進したくない理由として、豊かになって個人的な生活を重視するようになったこともあろうが、社会の価値観が変わり「出世意識」から解放されたこともかなり関係しているだろう。

こんななかでも、一定割合の組織人間は存在するが、一方で、従来は組織人間のように見えた非組織人間は、出世する動機をなくし、「昇進したくない」といい出したのである。

しかしいま､非組織人間の行動動機（好きなことをしたい）に裏打ちされた能力が重要になっている。組織管理ではなく、研究開発、商品企画、資金運用の面などでうまく組織改革を行えば、非組織人間の能力を顕在化させ得るはずだ。企業は組織改革を行ってきたが、この意味でうまくいっているかはまだ見えない。

3、「四つの気質」を見抜けば人は生かせる

世間に親切な見せかけ人格者

人間を観察していると、実にさまざまなタイプの人がいることに気づく。たとえば「こころの温かい人」と「こころの冷たい人」である。ここで「こころの温かい人」とは、「愛」に満ち溢れている人であり、「こころの冷たい人」とは「愛」の少ない人であると考えてよかろう。

世間では「こころの温かい人」の評判はいいが、「愛とは他のために自己を犠牲にすること」と定義されることが多いのだから当然である。でも、プロ野球のファン、サッカーのサポーターは、愛するチームのために時間とお金を惜しまないが、本人には自己を犠牲にしているとの意識はない。

人間は他と接することで身内意識を持つ（情が移るといってもいい）ところがある。そして、その身内が不幸な状況になると、胸を痛め、望ましい状況になると歓喜する。このとき、身内を望ましい状況におきたくなるのは当然で、そのためにファンは時間とお金をかけて応援するのだ。いわば、自分の満足のために「愛」の行為をしているとしていい。

親にとって子どもは身内だし、人類愛に燃えている人にとって人類は身内なのである。そして「こころの温かい人」とは「愛」が発生しやすい人といったらいいだろう。現実に、「ここ

ろの温かさ」によって救われた人は大勢いるけれども、必ずしも歓迎されるわけではない場面が出てくるので描写したい。

ここで登場するもう一つの概念は、「なまけもの」と「働きもの」である。すると、四つの組み合わせができあがり、これが面白い人間模様を見せてくれるのだ。それが、㈰こころの温かいなまけもの、㈪こころの温かい働きもの、㈫こころの冷たい働きもの、㈬こころの冷たいなまけもの、である。

世間に親切な勘違い絶対君主

世の中には親切な人が多い。困っている人を見るとたまらず手をさしのべる。道に迷っている人がいれば教えるだけでは満足せず、目的地まで連れてってあげる。宿がなくて困っている人には自宅の一部屋を提供して、食事まで出す。困っている人に接すると、身内意識がうまれやすい人である。

この面倒をすべて自分で見るなら、だれも迷惑しない。こころが温かいのはいいが、なまけものである場合が困るのである。面倒は周囲のものに押しつける。自宅に連れてきた困っている人の世話をするのは家族である。いや、「押しつける」という表現はふさわしくない。「手助けをしなければならない立場においやる」といったほうがあたっている。なまけものでも、こころのところの呼吸はこころえているようだ。自分の「愛」の欲求を満たすために身についたものなのだろう。

「家族にとって」を除けば、こころの温かい人の世間の評判はたいへんいい。「人格者」などといわれる。人格者を冷たくあしらうと周囲の目がうるさいし、うしろめたさを感じる人もいる。「また持ちこんだか」とかげでぶつぶついいながら、しかたなく家族は世話をするのである。いわば、野良犬を見ると愛が発生して拾ってくるのだが、世話はまったくしないタイプの人といったらいい。

それでは、こころが温かくても働きものならば、周囲の人はとばっちりをうけないのだろうか。実はそうではないのだ。「こころの温かい働きもの」は自分で面倒をみる能力があると思っているから、どうしても親切を大がかりにしてしまう。いわば、野良犬をたくさん拾ってきて、保護センターをつくってしまうような人だ。

保護センターとなるとどんなに働きものであっても、1人では切り盛りできないから、助っ人を頼むことになる。そして、先頭に立って活躍しながら、「世のため人のために行動することこそ人間の証である」との雰囲気をつくりあげていく。ここでも、「こころの冷たい人」といわれるのがいやな人は、手伝うはめになる。

いずれにせよ、「こころの温かい人」は他人をまきこむ傾向がある。しかも、「野良犬を助けるのは当然」と思っているのだから、手伝っても対価を払ってくれない。「こころの冷たい人」は「こころの温かい人」に近づかないのが肝要である。いや、真に「こころの冷たい人」は近づかないのだが、世間の評判を気にする「こころの冷たい人」は犠牲者になりがちである。「こころの冷たい人」は「世のため人のため」に行動することから満足を感じない。ここが「こころの温かい人」と欲求体系が違うところである。㈫の「こころの冷たい働きもの」とは、野良犬をたくさん拾ってきて訓練し、高値で売っぱらおうともくろむタイプであるといったらい い。

事業を拡大すると人手が足りなくなる。しかし、この「こころの冷たい人」を助けなくても社会的に非難されることはないし、そうする義理も感じないから、だれも手伝いにこない。周囲の人には「十分に給料を払うから」と声がかかる。「世のため人のため」がないために、陰では「欲張り」とか「冷徹」とかいうのだが、働く機会を提供してくれるのだから内心では歓迎する。労働の見かえりがほしい人にとってはやはり、「こころの冷たい人」のもとで働いたほうが実入りがいいのである。

世間に無関心な「寄生タイプ」

最後に残ったのが、「こころの冷たいなまけもの」である。この人はもともと手間のかかる野良犬など拾わない。ただ、ついてきてしまった場合は、忠犬ぶりを発揮する犬だけを選んで、そばにおいてこき使うことになる。もちろん、対価を払うようなことはない。普通は「こころの冷たいなまけもの」にはだれも近づかないのだが、たまたま「こころの温かい人」が近づいて、身内意識を感じてしまうことがある。「なまけもの」なら追い出されるが、「働きもの」だと離れられなくなることがある。周囲からは「どうして」という声が発せられるのだが、本人は「私がいないとねー」と、けっこう幸せそうなのだ。

人間は組織をつくる。社会奉仕をおこなう「愛」の集団の場合には、「こころの温かい人」から寄付を募って組織の目的を果たす。しかし、企業のような組織では、できるだけ多くの成果を上げなければならない。いずれの組織でも、上司と部下の関係などの人間の組み合わせができあがる。このとき、以上の四つのタイプの人間の組み合わせが、悲喜劇をひきおこす場合があるのは容易に想像できよう。

たとえば、企業のような組織では「こころの温かい」上司のもとでは、「こころの冷たい」部下は苦労をさせられることになる。この上司がなまけものならば、部下は企業目的とずれており（個人的愛の方向へ）、自分の満足とは関係ない仕事をおっつけられる。この上司が働きものなら、このずれた仕事が大掛かりになり、さらに忙しくなる。そして、この部門の成果は上がらないから、部下は自分の賃金も上がらないことを嘆くはめになる。

また、「こころの温かい」人に公平を要する仕事をまかせると、プロ野球のファンのように「愛」の発生が偏り、えこひいきが生まれて組織の効率が悪くなる。一方、「こころの冷たい人」に構成員の満足を高める仕事を担当させても、熱が入らないからうまくいかないことが多い。

人材配置に頭を悩ませるのは上に立つ者の宿命である。やはり、人を見極めるということは、観察力と分析力がものをいう。だから、人事部長さん、組織の運営には人間タイプを認識することが重要なんですぞ。

4、「オタク型人間」こそ新商品を創り出す

日本に最も多い「触れ合い型」

人間は満足を高めようとして行動する存在だと考えていい。とすると、人間のタイプの違いを理解するには、何をしたときに自分の満足が高まるかに注目すればいい。人間は程度の差はあれ、ほめられたい存在である。そして、人によって、誰にほめられるかによって満足の程度がかなり違うものなのだ。

まずは、仲間にほめられて満足が高まる人がいる。仲間と釣りに行った帰りに、飲みながら獲物と道具の自慢のし合いっこ、ほめ合いっこをすることに喜びを感じるようなタイプである。これを「触れ合い型」という。近くに仲間がいないと「触れ合い」ができないから、すぐ仲間（組織）を作ろうとする。「みんなで金を出し合って別荘を買わないか」と提案したりする。そして、組織のために貢献し、組織の仲間から評価されたいと思う。

日本には、この「触れ合い型」が多いように見える。これには、江戸時代からそうであった

が、他の同種の組織に移りにくかったことが関係する。このとき、所属組織の繁栄が構成員の満足に直結するのだから、組織のために貢献すると、仲間から高く評価されることになる。昔は「会社のためならお縄頂戴も辞さない」という言葉まであったのである。そして、会社人間と呼ばれる人々を多く生み出すことになった。

注目を浴びたい「自己表現型」

二つ目が、仲間ではなく、不特定多数の人に評価されたいと思うタイプである。最新のファッションで身を飾り、街を颯爽と歩くことに喜びを感じる、などがこれである。この人々を「自己表現型」といったらよかろう。当然、仲間からの評価では満足できないのだから、組織の大変な仕事を引き受けたりはしない。引き受けるとすれば、それが組織外からの評価につながる場合である。組織人間と並べていえば、市場人間ということになる。市場で評価されたいのである。

実は、もう一つのタイプがいるのだ。

それは、評価されて喜べる相手が仲間や不特定の人々ではなく、自分で自分の成果を評価して満足できるタイプである。「このよさが他人にわかってたまるか」との考えの持ち主といったらいい。もちろん、自分で評価できるには、独自の評価基準をきちんと持っていなければならない。周囲からこの人々を眺めると、偏見の持ち主のように見える。「孤高」といってもいい。

この種の人を「オタク型」という。

この三つのタイプの人々が職業を間違えると、あまり満足できる人生を送れない。「触れ合い型」の人々は、日本的な企業では生き生きしていたはずである。

日本企業には忘年会、新年会、歓送迎会、慰安旅行など「仕事の内」との含みを持った触れ合いの機会はたくさんあった。また、仕事が終わると課の仲間はそろってマージャンやカラオケに出かけた。

「触れ合いの会」に会社が費用を負担してくれることさえあった。この会をさぼると「付き合いが悪い」ということで仲間から白い目で見られるので、「触れ合い型」ではない人々も「触れ合い型」のふりをせざるを得なかった。しかし、いまや企業も変わり、「触れ合い型」の人もいい思いが出来にくくなっている。

研究者にも多い孤高のオタク

「自己表現型」の人にとっては、組織ではなく、自営業主や、弁護士、公認会計士などの自由業が居心地がいいだろう。もちろん、自由業にしても弁護士事務所などの組織形態をとることが多いが、大学同様に一般企業ほどの組織の締め付けはなく、外部で（市場で）活躍できる余地は十分にあった。

作家、芸術家、芸能人などの職業も「自己表現型」向きである。しかし、これらの世界で高い市場評価を受けられるようになるには、相当の能力と運が必要である。そして、少数の人々だけが成功するのだが、「ひょっとしたら」との夢が、多くの「自己表現型」の人を惹きつけている。

「オタク型」の芸術家も多いだろうが、「自己表現型」とは目指すものが違うのはいうまでもない。また、「オタク型」が組織の中で生きるのは大変難しく、生きていく余地があるとすれば、研究者の世界であろう。

しかし、自分独特の価値基準をきちんと持っているのだから、それが市場の評価基準とはずれているのが普通であり、いい仕事をした（本人にとってだが）からといって市場価値を持つとは限らない。

企業は「オタク型」の研究者を敬遠しがちになる。もし、市場の評価と無関係に仕事をしても生きていける組織があるとすれば、それは大学だろう。そして、そんなことをして何の役に立つのだろう、と思うような研究に情熱を注ぐ研究者を時々見ることになる。

25年ほど前までは、市場が求めているものがよく見えていた。商品の質を高めて効率的に生産すれば、企業としての成長ができた。それには、技術開発が必要だったが、目的が明快だったため、みんなで協力しながらその目的を達成していけばよかった。

いつしか、市場が見えなくなる時代がやってきた。生産活動から付加価値が上がりにくくなる中で、創造的技術開発に成功し、商品化をうまくやり、それが市場にマッチしたときには、企業は好業績をあげる。どうしても、このような仕事に長けた人材が求められるようになる。「触れ合い型」の人は、既存の技術や商品をみんなで協力して改良していくことはできるだろうが、ここから創造的新商品が生まれるとは思えない。「自己表現型」の人は、いまの市場の基準に合わせて目立つ仕事をしたいのだから、創造的仕事に向くとは必ずしもいえない。

では、「オタク型」の人はどうだろう。得意かどうかは別として、自分独自の価値基準に基づいて仕事をするのだから、世間の基準から見れば独創的である。しかし、たまには大当たりをする可能性があるとしても、大概は企業にとって役立たない結果に終わる。現実には、すでに市場でヒットする商品開発の成功確率は大きく下がっているのだから、もう少し「オタク型」を用いてもいいような気がする。

もっとも、「オタク型」の人の価値基準を読み取り、それがものになりそうかどうかの判断が出来る人がいないと、打率が上がらない。そんな人を見つけられるかどうかが問題なのだが。

5、個人の「夢の実現」が組織を活性化させる

期待水準を埋めて満足を得る

'08年1月2日、3日におこなわれた箱根駅伝では、関東学連選抜チームが4位に入った。新

聞はこれに対し「大健闘」と称えた。予想し得なかった意外な結果だというわけである。この理由として、報道機関は「勝つことに対する意思統一ができた」「心を一つにできた」と表現した。

それぞれのチームを見ていると、上位チームといえども、トップレベルの選手ばかりではなく、「うまくつないでくれればいい」という選手も含まれている。それでも優秀な成績を残せるのは、それぞれの選手がチームとして勝ちたいとの意識が高く、チームに対して責任感を持っているからだろう。故障しても、苦しさを我慢してなんとか走りきろうとする姿からも納得できる。

一方、関東学連選抜チームのメンバーは、チームとしては予選会で規定以内に入れなかったとしても多くの大学チームの中から選ばれたのだから、実力は十分に高いといっていい。それでも、チームとしての目的意識を持ちえないならば、参加しているという自己満足で終わってしまいがちになる。

それが勝つことに対して心を一つにできれば、チームの一員としての責任感が顕在化する。その結果が「大健闘」であった、ということだろう。

では、「心を一つにする」とはなにを意味し、なぜ行動を前向きにするのだろうか。これを説明するには、「人間」という観点に戻らなければならない。

人間は満足を得るために行動する。では満足とはなんだろうか。たとえば、一日中空腹を我慢していた人が食べ物にありつけば、掻き込むようにして夢中で食べ続ける。満腹になれば、「ああ、しあわせ」とつい口走ってしまう。

この状況を分かりやすくするには、満腹になりたいところに期待水準をまず設定する。そして、いまの空腹の程度のところに（期待水準よりも下に）充足水準がある。

すると、期待水準と充足水準の間にギャップが生まれる。これが不満である。人間はこのギャップを埋めようと行動する（食べ物を口に運ぶ）のだ。すなわち、満足は期待水準と充足水準の間のギャップを埋める過程と埋まった瞬間に得られるのだ（記憶として満足感は残るが）。

スポーツ大会の満足も同じ原理

これはスポーツ大会に参加しようとする場合でも同じだ。「今度のスポーツ大会では優勝するぞ」というのは期待水準の設定であり、現状よりも高い実力を必要とする。練習することで実力が向上すれば、ギャップが埋まっていく実感と喜びが得られる。この行動を挑戦という。そして、優勝すれば、達成感という満足感を得る。

しかし、高い満足にとって要素が一つ足りない。大きい魚を釣り上げようというのは挑戦であり、うまく釣り上げれば達成感を得る。これでは終わらず、次の日職場にやってきて、「昨日こんなでかい魚を釣ったよ」と手を広げて自慢をする。「すげーな」と仲間からいわれれば、喜びは倍にもなるものなのだ。すなわち、高い満足にとって、挑戦―達成―評価がワンセットになっていることが必要なのだ。このとき、人は積極的に行動する。

スポーツチームが燃える集団となるためには、選手全員が期待水準および、それと現状との間に生まれたギャップを鮮明なかたちで共有できなければならない。そしてそれを埋めていく過程から、また埋まったときに、共に大きな喜びが得られることを認識できなければならない。

もちろん、達成に対する高い評価があれば、挑戦の喜びは大きなものになる。スポーツの場合、テレビや新聞で取り上げられることが評価になっているし自分達で評価のしあいこが出来る。

個人満足を促す雰囲気作りを

先の関東学連選抜チームの場合では、監督が選手に「箱根にお祭りで出るのか、本気で出るのか」と問いかけ、「本気で3位以内を狙う」との意思統一を図ったとのことである（毎日新聞1月4日付）。期待水準を鮮明にして、その共有に成功したことが結果につながったわけだ。

広い分野のスポーツチームを見ていると、監督が代わることでチームが強くなることがある。スポーツの試合でチームが勝つには、才能豊かな選手を集め、適切な技術指導を行うことは必要である。それ以上に、各選手が目的と高い向上心を持って練習に励み、そのきつい練習から喜びを感じ、また試合で能力を発揮しようとするような環境が要る。

それには、「満足の原理」に沿ってそれを促す雰囲気を作らねばならない。まさに「燃える集団」の創造である。選手たちを「その気にさせる」ような雰囲気作りに長けている監督が、成功するタイプの一つであるのは間違いないだろう。

なかには、怖い監督がいる。そして、選手は怖いから練習をする。まさに「恐怖解消動機」による行動である。この場合には、怒られない程度までは練習をする（それでギャップが埋まる）が、それ以上に練習をする動機を持ち得ない。やはり、自分にとっての前向きの欲求を満たすための動機でないと積極性に限界ができるのだ。

以上のような考え方は企業などの組織にも通じるものがある。なかには、社員が生き生きとして働いている組織がある。社員が鮮明な期待水準をもち、現状との間のギャップを埋めることに喜びを感じられるようになっている組織である。

とはいえ、日本一あるいは世界一の企業にしようなどの期待水準に、みんなが反応するような状況にはない。以前は日本企業にはこのような雰囲気があったが、いまは個人的利益追求にウェイトが移ってしまった。

いずれにせよ、組織のなかに挑戦―達成―評価を組み込んでいくことは必要であるが、組織間移動という流動性が高まっているのだから、挑戦の対象は「所属組織内」のものから、「個人的、社会的なもの」へと移っている。いいかえれば、所属組織の夢実現が個人の夢実現につながっていた時代から、自分の夢実現が前面に出る時代に変わってしまったのだ。

このとき、「個人の夢が実現できる組織」が人気を集めることになる。いわば、自分の期待水準を鮮明に設定でき、現状との間のギャップを埋めやすいような組織である。これに評価が加われればさらによい。

「個人の夢の実現」が結局は「組織の貢献」につながるような仕組みを作ることに成功した組織が、大きな力を発揮することになる。

社会の変化と人間の本質を認識できず、このような仕組みを作ることに失敗した組織が、世の中では「時代遅れの組織」とよばれるようになるのだろう。

6、「聞き上手」ほど仕事もでき情報も集まる

秘密性が高いほど速く広まる

人間には他人と差をつけたいという欲求がある。街を歩いている多くの女性は着飾っている。それぞれが違った服装をして個性を表現している。差をつけて自分をアピールしたいのだ。誰も持っていないものを持って差をつけたいから、高価なブランド商品が売れていくのだ。

同様に、誰も知らないことを知っているのは楽しいものである。しかし、ただ知っているだけでは自分のファッションをほめられたような喜びは得られない。

より高い満足を得たい人は、他人に話して優越感に浸りたい誘惑にかられる。そして、友達に「ねえ、ねえ、聞いてよ」ということになる。秘密事項であっても、「これはだれにもいっちゃ

～いけないよ」と念を押しながら、つい口から出てしまう。そして、秘密性が高いと思うほど、重要な情報だと思うほど、洩らしたときの満足が高くなる。

こうして、秘密情報は新幹線のようなスピードで広まっていくのだ。

企業は自らの商品に関する情報を広く知らせたいと思っている。しかし、口コミは重要だけれどもこれだけではこの商品情報は広がらない。人々は企業が広告で広く情報を流すものだと思っているから、この種の情報に秘密性を感じない。隠しておくような重要な情報だと思っていないから、洩らしがいがないのだ。現実には、企業はメディア等を通して莫大な費用をかけて宣伝している。

口コミを有効に活用しようとするなら商品情報を他人にしゃべりたいという動機づけが必要である。個人がネットで知らせるのも、口で秘密を洩らすのと同じ喜びが得られるし、その情報伝達力はすごい。秘密感や優越感を感じるなどの工夫をすれば、うまく流れる余地があるのだ。現に、ネットを通じて広がった情報によって、ヒットした商品があるのだ。

自慢したいから尾ひれがつく

口コミで伝わる秘密情報には尾ひれがつきものである。「これは秘密よ」というときには、こんなすごい情報を持っていると自慢したいのだから、伝える喜びをもっと高めたくなる。それには相手が興味を示して驚かなければならない。そのための手段が、尾ひれをつけて話を大きくすることである。だから、何人もの口を通ってきた情報は尾ひれをとって聞かないとまゆつば情報になってしまう。ただ、どこが尾ひれなのかがわかりにくいところが厄介である。

世間には聞き上手という人がいて、どんなことでも聞き出してしまう。どういうわけか、話し手は聞き上手にかかると嬉々として秘密を洩らしてしまうのだ。たとえその話を洩らすことが自分にとって損な場合でもそうである。

この現象は、話し手がその損の代償を得ているからとしか説明のしようがない。いいかえれば、聞き手が何らかの代償を払っているのだ。そして、その代償を払えるかどうかが聞き上手かどうかを分けることになる。

会議等で、自分だけが知っていることを堂々と述べ、出席者が感心した表情で聞いてくれたときは気持ちがいいものである。「気持ちのよさ」と引き換えに貴重な情報を与えてしまったのである。

聞き上手とは、たとえ自分が知っている情報でも、初めて聞いたような表情で感心してみせ、相手を気持ちよくさせる術を持ち、実行できる人のことである。話し手は、ついつい聞き手にのせられて、その気持ちのよさには抗しきれず秘密を洩らしてしまうのだ。そして、新情報が手に入ると、またその喜びを得ようと、その情報を伝えるために聞き上手のところに飛んで来る人までいる。

話を引き出すテクニックとは

人間は、自分は他人よりも知識が豊富だと思いたいから、知らないふりをして相手の話を聞くには我慢を要する。この我慢が聞き手が負担する代償である。この我慢ができず、相手が話し始めたとき、「そんなことは知っているよ」という表情をすれば、相手はそれ以上話す気がなくなってしまう。

世間には、「知っている」ということをわざわざ口に出す人がいる。「それは本で読んだよ」、「そんなの常識だよ」、「テレビでいってたよ」など口を挟むのだ。さらには、相手の話をけなす人がいる。「それ、おかしいよ」とか「矛盾を感じるな」などというのである。この種の人は重要な口コミ情報が手に入らないタイプであり、身近でも見かけるだろう。

一方、人が情報を取りに来る場合がある。商業価値のある情報を持っていれば、雑誌社やシンクタンクが来て代償としてお金を置いていく。正当な商取引である。ところが、この情報保有者が聞き上手となると、お金以上のものを置いていくはめになる。聞きに来た担当者から逆に貴重な情報を聞き出してしまうのだ。

コストをかけて情報を取りに行く気を起こさせるには、話し手はそれに値する情報を持っていなければならない。聞き上手のところにはこの種の情報が蓄積しているから情報がお金を連れてやってくるのだ。

いまの世の中、どれだけ有効な情報を持っているかが、仕事の結果を左右する。マスメディアの情報は、多くの人が共有するとその価値が低下してしまうところがある。株式投資を想像すればわかるように、非公式情報、すなわち小耳にはさんだ情報こそ価値を持つのだ。

小耳情報を手に入れるにはフェイス・トゥ・フェイスが必要である。たとえば、多数の業者が集まる交流会はこのチャンスである。今日、他業種に関する情報がヒントになることが多くなっているという。また競合しない業種の人には情報をもらしやすい。異業種交流会だと有効な情報を集めやすいのだ。同窓会には多様な産業で働いている人が集まってくる。このような場でこそ聞き上手は威力を発揮する。

いまや、聞き上手が得をする環境ができあがっているが、こうなると、聞き上手になろうと、多くの人が心がけることになる。一方で、いい気分になることを目的に会に出席する人も出てくる。そして、会は取引の場の様相を呈してくる。

7、「出し抜き情報」と「意志決定能力」が大事だ

「情報」には3つの種類がある

意思決定をするには、情報は欠かせない。企業に関する情報がなければ、どの株を買うかは決められない。今日は雨具をもって行くかどうかでさえ、天気予報という情報が頼りになる。

実は、情報はその需要動機からみると一様ではない。私たちは毎日のように、テレビ、新聞、雑誌などから情報を得る。

しかし、これらのなかには、意思決定に役立たない情報が多く含まれている。また、意思決定に役立てるつもりがなくても情報に接している人は大勢いる。好奇心を満たすなど、これらの情報から楽しみを得ようとするためである。この動機による情報を「消費情報」と呼ぶ。

一方、消費のためではなく、生産活動、営業活動、また日常生活等で、効率を高めるために使う情報がある。

魚のいる場所がわかれば、漁船は効率よく魚を獲ることができる。医療の現場で患者の病状を的確に把握できれば、適切な治療ができる。道路情報があれば、時間を浪費せずに目的地に到達できる。

以上の情報は、効率を上げる動機で使う「効率アップ情報」である。必要に応じて、この種の情報を得るための道具を装備する。漁船は魚群探知機を装備する。医療機関はＣＴ装置やＭＲＩ装置を装備する。自動車にはカーナビゲーションを取り付ける。

もう一つ需要動機が異なる情報がある。それは、競争相手に一歩先んじることで勝利を得るために使う情報である。

「情報収集合戦」が起こる理由

穀物商社が穀物産地の天候に関する信頼性の高い情報を逸早く手にできれば、穀物相場で勝ちを収めることができる。企業業績や画期的新商品に関する情報を人に先んじて手に入れれば、株式投資で大儲けができる。

インサイダー取引は禁止されている。これは企業の内部事情を知り得る立場の人が、その情報を使って公表前に株式投資をするのは不公平だからだ。これだけでも、先んじて情報を手にすれば、有利な立場に立ち得ることがわかる。

この種の動機で使われる情報を「出し抜き情報」という。この種の例は広い範囲に跨っている。スポーツの試合で相手の戦術がわかれば、戦いを有利に進めることができる。そのため、新戦術の練習は外部の人を締め出して行うのだ。競争相手の新商品開発方針がわかれば、それに負けない商品開発をしやすくなる。戦争で敵の兵力や配置、所有する武器、さらには作戦がわかれば、勝ちにつながる。そのため、スパイが暗躍し、今日ではスパイ衛星まで登場する。

多くの場合、勝負に勝つか負けるかでは天と地ほども違うのだから、なんとしても勝ちたい。そのために、競争相手よりも質、量ともに優れた情報を手に入れようとする。相手もそうするから、情報収集合戦になる。結果として、莫大な資金が投入されることにもなるのだ。

そして、「出し抜き情報」は、大きな勝負ができるほど、たとえば資金量が大きいほど有効に使える。穀物相場を張る場合、産地の天候に関する正確な予測情報が手に入ったとして、10億円の資金が使える人と、１００億円の資金が使える人では、勝ったときの利益はまったく違ってしまう。資金量が大きければ、情報収集に大金をかけて勝負をしても採算がとれるのだ。従って、情報の独占を引き起こす要素を内在していることになる。

「効率アップ情報」の場合はこうはならない。情報収集に金をかければ、それに比例して効率が高まり、コスト削減や商品の質の向上をもたらす。漁船や医療分野がそうである。もちろん、ライバルとの競争、たとえば漁船同士の競争はあるが、漁獲量で負けたとしても獲った魚をもっていかれるわけではない。

天才に任せられる企業が勝つ

規制緩和は「出し抜き情報」に対する価値を高めた。為替レートが変動相場制になり、金利の自由化が進み、資金が自由に国境を越える時代になった。こうなると、資金調達にしても運用にしても、広く情報を集め、グローバルな視点で意思決定を行わないと、出し抜かれるリスクが高まってしまう。

また、豊かになって、商品の多様化が大幅に進み、人々が求めているものが見えなくなっている。ここでも、市場情報が重要性を増している。

情報が必要といっても、すべて自分で集める必要はない。とくに、株式や外国為替など市場のなかで戦っている場合には、参加主体はおしなべて市場に影響を与える共通の情報を求める。主要国の景気動向、株価、金利、商品の生産や需要動向、商品価格、為替レート、各地の天候、などである。需要がまとまれば、これらの情報を収集し、個別に集めるよりもずっと安い価格で提供できる。

これらの情報提供を行う企業がたくさん生まれ、成長している。もちろん、マスメディアはこの中核にある。そして、いつでもどこでも必要な情報が安いコストで手に入るようになっている。これに、個別に集めた有効な情報を加えて、企業などが意思決定を行っているのだ。

しかし、これらの情報が十分に手に入れば、誰もが間違いのない意思決定ができるというわけではない。将棋を指すときは、盤上の駒の配置から持ち駒まで、情報は完全に開示されており、情報面では対等だ。しかし、アマチュアの有段者でもプロの棋士にはすぐ負けてしまう。意思決定能力が勝負を決めるのだ。

今日、企業は技術開発、新商品の市場化、資金運用、経営方針などで常に勝負をしなければならない環境にある。このとき、才能を持ち、それを磨いた人が企業内にいるかいないかによって、勝負の結果は大きく違ってくるのだ。

いや、それだけでなく、組織がこれらの能力を持った天才に勝負を任せられるかどうかが重要である。従来、日本の組織がそうであったが、会議を開いてみんなで勝負の意思決定をする体制では、天才の力は殺がれてしまう。

8、「才人」を大事にする文化が組織を燃やす

集団主義的価値観の行詰まり

日本が衰退に向かっている理由についてはすでに触れた。経済環境が「生産の時代」からリスクの高い「勝負の時代」に変わり、日本の社会あるいは企業システムがこの「勝負の時代」に不適応を起こしたことが原因である。この時代に価値を創造するには、技術開発や商品開発、経営方針の決定などで積極的な「勝負」をせざるを得ない。その勝率を高めるには才能を持ち、それを磨いた「才人」が求められる。

頑張るだけではうまくいかない時代である。そして、高いリスクを負って「勝負」をする「才人」が力を発揮するには、それに見合った評価（処遇）が必要になる。

社会システムは「社会制度」と「文化構造」（価値観の構造）からなる。ところが、日本の価値観を一言で表現すれば、「みんなで一緒に頑張って、その成果を平等に配分しよう」であろう。これは、生産の現場から大きな価値が生まれた「生産の時代」には絶大な力になった。

しかし、同時に減点主義と平等主義等からなる評価システムを創り出し、「勝負の時代」に求められる「才人」の出現を抑え、リスクの高い分野での積極的勝負を控えさせ、企業の内発的な力を削いでしまった。もちろん勝負をしている企業は多々あるが、まだまだ十分ではない。

価値観形成には、「他に移る選択肢」があったかどうかが大きい。日本は、戦国時代まではけっ

こう流動的な社会であった。下克上という言葉があるように縦の関係も流動的だった。それが、江戸幕府は強力な農民定着政策をとり、これが機能した。また、武士が他の藩に移ることはたいへん難しかった。

「他に移る選択肢」の少ない社会は、日本の企業社会にも移転され、独特の価値観が形成された。所属する組織の具合が悪くなれば、他に移れない構成員の満足度は落ちてしまう。

このとき、自分の満足度を上げるには所属組織の繁栄を取り戻すしかない。必然的に所属組織の利益が個人の利益よりも優先することになる。まさに、集団主義的価値観であり、先の価値観形成の原因になった。そして、「組織の存続が最優先」が前面に出てくる。他に移ることで自分の満足を回復できる流動的な社会とは違うのである。

「組織の存続の優先」を梃子に

日本経済の活性化を望むならば、日本システムを「勝負の時代」に合うものに変えなければならない。としても、不適応を起こしている「文化構造」を制度改革等によって強制的に変えるわけにはいかない。しかも、江戸時代以来400年間これでやってきたのだから、根が深くそう簡単に変わるわけでもない。

日本を変えるには、逆説的だが「組織の存続が最優先」を梃子にすべきである。これが第一のポイントになる。組織が危機に陥れば、復活の邪魔になると判断されれば日本的やり方さえ引っ込んでしまう。それは、日本的やり方の中核をなす「成果配分の仕方」や「評価システム」も例外ではない。

「歳の順」は日本的やり方の一つだが、危機に瀕するとこれが無視され、若い能力者が何人も飛び越してトップに立つ。外人でさえもトップの地位に就く例が見られる。決して日本的やり方は硬直的ではないのだ。

このところ日本が変わったように見えるのは、競争激化による危機感の高まりと限界はあるが労働市場の流動化（他に移る選択肢の増加）のためである。だが、社会の論調を見れば本質的には変わっていないし、表面だけを形式的に変えるだけではうまく機能しないことがある。また、危機が去ると従来のやり方が復活してくる。

「勝負の時代」における活力ある経済とは、個々の企業が積極的に「勝負」を行っている状況である。こうなるためには、まず「勝負の時代に合うようにやり方を変えなければ企業は生き残れない」と皆が確信する必要がある。「全会一致」の習慣があるだけに、ここがあいまいでは、たとえトップが理解していても企業として動き出せない。

そして、以上のような経済環境の変化とそれへの対応の仕方が明快でないために、企業は従来のように、リスクの高い行動は避け、コスト削減をしながら頑張る方を選択しがちである。ここに政府の役割がクローズアップされてくる。

政府はまず日本衰退の原因、組織が存続していくために変わらねばならない方向とその理由をはっきりさせ、また変化した先の姿を「誰もが納得する形で」描かねばならない。これができないと、企業トップが「あの変人（才人）に1億円払うことが企業の存続につながる」ということを企業構成員に納得させるのは至難の業になってしまう。これが第二のポイントである。

このとき、政府の政策の持続性に危惧があれば企業を変えることのリスクが高まるから、政府は野党の合意を取り付け、社会が変わることを前提として、制度改革にすぐ着手しなければならない。

社会システムはメリットとデメリットを併せ持ちながらワンセットで機能するものであり、理想的システムなどはない。だから改革を行えば、これまでなかったデメリットが顕在化するのは避けられない。デメリットを承知の上で「日本システム」を変えることを説明しておかないと、他からデメリットを指摘され、それに同調する人が多数現れ、改革が進まなくなってしまうので注意を要する。そして、このデメリットを緩和する方法を実行に移さなければならない。

創造的仕事をする変人は才人

今は「才人」を求めようとしても見つけにくいという。

特にグローバル化が進むなかで「スーパー才人」でなければならない社長が不足しているという。

もし、企業のやり方が変われば、自信を持った社員は才能を磨き「勝負」に手を貸すだろう。社内だけで「才人」が足りなければ他に求める。これは、他の企業も同様である。必然的に、「才人」の取り合いが起こり、多くの価値を生み出してくれる「才人」に対する評価が高まり市場が出来る。

そして、この分野で活躍しようと自分の才を磨く動機が高まり、「才人」が多数現れる。こうなるためには、多くの企業が同時に変わることがどうしても必要なのだ。これが第三のポイントになる。そのためにも、政府による明快な説明や政策が重要になってくる。

もう一つ、「みんなで一緒に頑張る」との価値観が強い日本では、創造的仕事（変わったこと）をする「才人」は変人扱いされがちである。やはり、「才人」を大事にする企業文化が必要になる。これには才人が成果を上げれば他の構成員の配分も増えるという筋道を見えるようにする必要がある。これは、トップがリードすべきことである。これができれば、「才人」獲得に威力を発揮するようになる。

以上のような条件を満たせば日本全体が変わっていき、梃子として利用した「組織の存続が最優先」さえも消えてしまい、元に戻ることはなくなるだろう。

もし、日本が、「勝負の時代」に適応することに失敗し、「生産の時代」にそうであったように加工機能中心でやっていくとすれば、グローバル経済の中で相対的に少ない価値しか生まなくなる分野を低賃金国と競争をしながら担当することになる。すでにこの姿が見えるようになっている。もちろん、技術革新で先んずることができるが、それには限界がある。どうしても「勝負力」を高めなければならないのだ。

400年間続いた日本の「文化構造」を変えることは容易ではないが、新しい時代に適応しようとすれば、避けては通れないことなのである。「革命」といってもいい。

第五章　心豊かな人生を送るための処方箋

第五章　心豊かな人生を送るための処方箋

1、貧しい時代の満足と豊かな時代の満足

貧困時代の自然欲求は大きい

一昼夜なにも食べないで歩き続けて、食事にありつければ、ものもいわずに夢中で食べものを口に運ぶ。そして、満腹になれば、「ああ、しあわせ」とつい口走ってしまう。このときの満足感は格別である。

それでは、満腹の状態が1か月続いたらどうだろう。食べることからなんら満足が得られなくなるだろう。その前に、食べたいという欲求すら忘れてしまうだろう。

歯が痛いときには、痛みをとりたいと歯科診療所に駆け込むが、痛くなくなれば「痛みをとりたい」との欲求すら忘れてしまうようなものである。

人間の満足感をわかりやすくするには、前にもふれたが「欲求の期待水準」（食欲でいえば満腹の状態）と、それより下に「欲求の充足水準」（食欲でいえばいまのお腹の減り具合）を設定するのが早道である。欲求の期待水準と充足水準の間にギャップがあれば欲求が生まれて

いるのであり、人間はこのギャップを埋めようとする。そして、ギャップが埋まっていく過程、および埋まった瞬間に満足感を得るのである。ギャップが埋まってしまえば不満はなくなるが、もはや満足感を得る余地は失われるのだ。

人間には時間の経過につれて、欲求のギャップが自然に開く分野がある。朝食べて5時間もするとお腹が空く。さらに、日が暮れるにつれて食欲のギャップが開く。その間に何度か喉がかわき、このギャップを埋める。夜になると自然に眠くなる。気温が変わって暑さ寒さが身にしみればそれから逃れようとの欲求が発生する。これらを自然欲求と呼ぼう。

貧しい時代には、自然欲求を満たすのは簡単ではなかった。それだけギャップが大きく開きがちになるから、それを埋めたときの満足はたいへん大きくなったことだろう。貧しい時代にも、高い満足感を得る機会は多々あったのだ。

それが、豊かになるにつれて、自然欲求は比較的簡単に満たされるようになっていく。そして、ギャップが大きく開く前に埋めてしまうので、そこからは大きな満足は得られなくなってしまう。

しかし、人間は満足感を得たいのである。自然欲求充足から大きな満足を得られなくなった人々は、埋めるべき欲求対象を他に移していく。その一つが、それまでただ埋まることで満足していた欲求に質の面を導入したことであった。単に食欲を満たすだけではなくて、美味しいものを食べるなどである。そして、旅行にいって、土地の美味しいものを食べ、美しい景色に接し、温泉に入って楽しいときを過ごす人が増えていった。

もう一つが、自主的に期待水準を設定し、現状との間に生まれたギャップを埋めることで満足を得ようとする行動である。スポーツ選手はオリンピックに出場するところに期待水準を定め、練習に励んで現状とのギャップを埋めようと頑張るのである。そして、少しでも埋まったとの実感を得れば満足感を得ることができる。自然欲求を満たす過程とまったく同じである。営業マンは売上げの目標を設定する。そして、この水準に近づけば満足感を得る。目標達成に挑戦し、その過程から得られる満足を「生きがい」といってよかろう。

もちろん、昔も「生きがい」はあった。仕事を頑張って家族によりいい生活をさせよう。今年こそ100万円をためるぞ、という話はよく聞いたものである。

生きがいは時代と共に変わる

昔は自然欲求の充足が中心であった。自然に欲求のギャップが開き、それを埋める手段さえ手に入れば満足が得られた。

昔のお伽噺は、舌きりすずめも花咲爺さんも、お宝が手に入ってしあわせに暮らしました、で終わっている。手段さえあれば、自然に開くギャップは埋まり満足感が得られたのだから、ことさらギャップの埋め方まで語る必要はなかったのである。

ところが、豊かになってスポーツや芸術分野など、自然欲求充足とはかけ離れたところに欲求充足の重点を移していった。それにともなって、満たすべき対象（生きがい）を見つけるのが難しくなった。

もっと多くていい「日本発道楽」

「生きがい」行為から満足を得るには社会的な、あるいは組織内の評価が必要である。でも、これが満たされるだけでは生きがいの対象にはならない。自分でそのことに意義を感じなければならない。「ゴルフがうまくなったからといってなんなんだ」では、生きがいの対象としては選べないのだ。

もう一つ、「達成の可能性」を感じられなければならない。オリンピック出場の可能性がなければ、この目標設定を生きがい対象からはずさざるを得ない。この意味では、年齢別競技会はさらに広める必要がある。

日本の高齢化は急速に進んでいる。そして、仕事から引退すれば悠々自適な生活がまっているはずなのだが、新たな生きがいを見つけられなくて元気がなくなる人が多いという。最近は行政が、生きがい探しに手を貸しているほどなのだ。貧しい時代の自然に発生する欲求とは違って、自ら期待水準を設定しなければならないだけに、そんな簡単なことではなくなってくるのだ。

人間は、体力、経験、健康状態、価値観などの面でたいへん多様である。高齢化するほどそうなる。となると、多様で豊富な生きがいの選択肢がないと、各人がこれぞという生きがいを見つけられないことになる。

日本は豊かな社会であり、日本発の道楽（生きがい対象）が、もっと多くてもおかしくはない。多くの人が喜んでおこなう道楽が数多く出現するには、多くの人が自分独特の生きがいを見つけ出し実行していかなければならない。それを見て、自分もやってみようと多くの人が思えば、社会的評価が高まりながら普及していく。

そうなる確率がわずか1パーセントであっても、1万人の人が自分独特の生きがい行為を始めれば、100の生きがい対象が多くの人によって選択されるようになる。10万人の人が自分独特の生きがい行為を始めれば、1千の生きがい対象が支持をうける。

これまでの日本社会は、1人特異なことを始めると変人扱いされるところがあった。これでは、気の弱い人は、自分では満足が得られるものであっても止めてしまう。そして、社会的評価が得られるようになるまでには時間がかかるのだから、なかなか日本発の生きがい対象が増えていかない。

いまの日本は急速に変化しているように見えるが、根本的なところはなかなか変わらない。人と違った行動を認めたがらない傾向も残っている。そろそろ、意識して、一見へんちくりんに見えても、それを積極的に認めていくようにしないと、真に豊かな社会の実現は難しいのである。

2、ネアカ善人、ネクラ快人

人々から称賛されたい「善人」

人間の「ほめられたい」との欲求は強力である。そして、高い評価が期待される場合には大変なエネルギーを注ぎ込む。晴れがましい場に出るときの女性のファッションにかける情熱が、これである。

しかし、この欲求は人によってかなりの強弱があるようだ。ほめられさえすれば、つまらなさそうに見えることでも、また収入にならないことでも喜んで引き受ける人がいる。

たとえば、同窓会の幹事は出欠の確認や会場の予約を行わなければならず、大変なのだが、これを喜んで買って出る。

こういうと、「ほめられるためではない」という反論が出そうだが、なら「みんなの楽しみにとって必要だと考えて」といってもいい。そして、うまくやれば感謝されるのだから、基本的には、そう違わない表現だとしていいだろう。

このような人を「善人」と呼ぶ。いわば、善の基準に反応する人という意味である。「豚もおだてりゃ木に登る」という言葉があるが、こういうタイプだと思えばわかりやすい。もちろん「善人」は、善の基準に違反してけなされることを避けようとする思いも強い。

一方、美味しい食べものや酒、また面白い遊びには目がないが、ほめられることには反応の鈍い人がいる。

このタイプを「快人」と呼ぶ。「快」なるものに反応する人という意味である。「善人」は表彰制度に興味を持つのだが、「快人」は「紙っきれを貰ったってしようがない。うまい飯が食えて、酒が飲めればそれで満足だよ。美人が側にいればもっといいが」などという。世間の善の基準などには見向きもしない。

自分の快楽が最優先の「快人」

当然「善人」と「快人」の行動は大きく違ってくる。山歩きでいえば、「善人」は百名山制覇を目指して頑張るだろう。一方、「快人」は、美しい自然の中でいい汗をかき、温泉に入ってビールを飲めれば、との基準で場所を選ぶ。

「善人」は上手くやれば評価される気になれるゲームソフトに反応するし、「快人」は面白さを志向したゲームソフトを求める。

いわば、評価の高いことを達成することに生きがいを感じて頑張るのが「善人」である。一方、「快人」はその日その日を面白おかしく過ごしたいのである。

歳をとると、一般に欲求が衰えてくる。酒が飲めなくなるし、好奇心が弱体化する。異性に対する関心もそうだろう。そんな中でも、「ほめられ欲求」の衰え方は相対的に小さいようである。「自慢話を繰り返すようになったら歳をとった証拠だよ」との話をよく聞く。「うまい飯と酒があれば十分だよ」といっていた「快人」が勲章を欲しがったりする。「快欲求」が後退して「ほめられ欲求」が前面に出てきたのだ。

日本では、定年になると元気がなくなる人がいる。「ほめられ欲求」が健在な中で、「仕事」という生きがい対象がなくなったからだ。もちろん、こうなるのは「善人」であり、「快人」はそれまでやってきたように「快」を求めて暇を楽しむ。もっとも、お金がないと楽しめない「快人」が目につくのだが。

二つの気質を足して判り易く

ネアカとネクラという分けかたもある。ネアカとは現在享楽型であり、ネクラとは将来を心配するタイプである。ネアカはキリギリス型で、ネクラはアリ型といってもよい。そして、ネアカとネクラでは大きく行動が違うのであった。

これに「善人」と「快人」を組み合わせると四つのタイプができ上がり、人間がより詳細に見えてくる。すなわち、「ネアカ善人」、「ネアカ快人」、「ネクラ善人」、「ネクラ快人」である。「ネアカ善人」は、現在を楽しみたいのだが、世間の基準を逸脱してけなされたくはないと思うタイプである。だから、遊んでばかりで将来の準備をしないことを周りから非難されると、「児孫のために美田を買わずだよ」などといって、自分の行動を正当化しようとする。が、内心は後ろめたいのである。

「ネアカ快人」は、現在享楽型である上に、世間の基準など気にしないのだから、楽しいことがあれば、とことん遊んでしまうタイプである。いわば、破産型である。

「ネクラ善人」は、将来が心配なのだから、将来の準備のためにせっせとお金をため、勉強に精を出す。将来の準備に力をつぎ込むことは当然のことだという価値観が強い社会は、ネクラ善人にとって大変生きやすい。一方、「ネクラはダサい」との価値観が強い社会では、「けち」とか「ガリ勉」とかいわれないために、ときどきネアカのふりをせざるを得ないことになる。もちろん、「ネクラ善人」といえども人間なのだから満足感を得たい。しかし、将来の準備が疎かになっては満足感が損なわれる。

この矛盾を解決するのが、将来への準備を楽しみの手段にしてしまうことである。単に、お金を貯めるのでは、ネクラニーズを満たすだけで楽しくはないので、これを生きがいに転化する。「善人」なればこそ、目標を定め、日に日に貯まっていく預金通帳を眺めてニヤッとして満足を得ることができるのだ。

「生きがい」を希求する高齢者

ダイエット産業はネクラ産業だが、努力の成果を頻繁に測定して客に提供し、客の我慢や努力を楽しみに転化する。進学校では、模擬試験の結果を貼り出し、「善人」の欲求を刺激する。ネクラ産業にとって、「ネクラ善人」は最も扱いやすい客なのである。「ネアカ」は将来の準備をする気がないのだから、ネクラ産業に寄り付きさえしないのだ。

最後が「ネクラ快人」であるが、「ネクラ」なのだから将来が心配である。一方で楽しいことをしたい。でも、将来の心配が解消されなければ、楽しいことをしても楽しさが減殺されてしまう。「快人」だから、苦労を「生きがい」に転化することもできない。このとき、双方を満たす方法として浮かび上がってくるのが、将来の快楽を夢みて準備をしていくことである。これができない「ネクラ快人」は満足した人生が送れない。

従来の日本社会は「将来の準備をしっかりやらなければならない」というネクラの価値観が強い上に、世間の基準を気にしなければならなかった。それが、世間の縛りが弱くなる時代がやってきた。「ネアカ善人」にとっては、世間の目を気にしないで手放しで遊べる環境に変わり、現実にネアカ行為が目立つようになっている。としても、「ネアカ快人」との区別がつかなくなることはなく、その楽しみ方としては「善」に反応するか、「快」に反応するかの違いが出てくるから、消費を含めた行動はかなり違う。観察すると大変面白いところである。

もう一つ、日本社会の大きな変化として高齢化がある。歳を重ねると、「ほめられ欲求」が相対的に前面に出てくるのだから、「ネアカ快人」が「ネアカ善人」化していく。また、「ネクラ快人」も「ネクラ善人」化していく。現象としては、生きがいを求める高齢者が増えていくことになる。

このような、現在享楽的なネアカ行為が目立ってくる一方で、「善」に反応する人が増えるという変化は、現象面から眺めると複雑に見えるだろうが、人間の性格分類からは自然な流れなのだ。人々の行動の変化をつかむ上で、このような切り方もあるのだ。

3、失敗の美学

苦笑いに込められた深層心理

駅に停まっている電車の窓から外を見ていると、よく発車寸前の電車に乗ろうとする人が走ってくる。「駆け込み乗車はお止め下さい」という構内放送をしばしば聞くのも頷ける。しかし時折、電車に駆け込む寸前にドアが閉まることがある。ところが、その人は「しまった」という顔をしない。多くは、一瞬「ニタッ」と笑うのである。

人間は、けなされたくない存在である。自分で「ちょっと格好悪かったな」と思ったときにそれを隠せればいいのだが、いつも上手くはいかない。見られてしまったときは、人間はその失敗を繕おうとする。このとき、「本気で乗ろうとした訳ではないよ。失敗したなどと思わないでくれ」といいたい気持ちが、苦笑いになるのだろう。

「苦笑い」を国語辞典で引くと、「苦々しく思いながらも笑うこと」とある。上手くいかなかったときの笑いの意味は、場面によって違う。野球の投手が、ストライクと信じた投球をボールと判定されたとき、腰に手を当て首を傾けて笑うことがある。「冗談でしょう。もっとボールを見てちゃんと判定してくれよ」との抗議の意味が含まれているようだ。

そういえば'07年春場所の優勝決定戦で、白鵬にはたかれて負けたときも朝青龍は笑った。これには「おい、はたきかい。予想もしなかったよ。優勝決定戦だぜ。正面からあたる相撲をしたかったよ」との意味が込められていたように見えた。

失敗したときの人間の行動は笑いだけではない。野球の試合では、打たれたり、四球を出したりすると首を傾げる投手が目につく。このしぐさには「今日は調子が悪いから上手くいかないんだ。僕だって困ってるんだよ。普段ならアウトをとれるんだ」とのメッセージが含まれているようである。

期待をされながらチャンスにバッターボックスに立った打者が三振をしたとき、バットを地面に叩きつける光景をときどき見る。バットを折ってしまう選手までいる。これは、自分に対する怒りのように映るが、それだけではない。

「失敗してしまった僕に皆さんは失望なさっているでしょうが、それは僕だって同じです」と訴えているように見えないだろうか。応援席およびベンチと同じ位置に立つことで、非難される立場から逃れようとしているかのようである。

「潔い謝罪」が効果的なときも

失敗したときに、それを繕うのとはまったく正反対の言動になるときがある。「これは、私に能力がなかったためです」とか、「練習不足です」といって自分の非をあっさりと認めてしまうのである。

会社が破綻したときの記者会見で、社長の「社員にはまったく非はありません。こうなったのはすべて私の力の無さのためです」との発言を聞いたことがある。試合に負けた監督の「私のミスです」といって選手を庇う発言もよく耳にする。

こういったからといって世間の人は「あいつ駄目だなー」とは必ずしも思わない。「慎み深い人だ」とか「潔いよい人だ」といって評価が高まることさえある。「人は失敗したときに言い訳をいうものだ」ということを人々が知っているからである。

すると、こういう好結果になることを知って「潔さ」を演技する人まで現れる。潔い人が多くなりすぎると、「私の責任です」との言葉も挨拶ぐらいにしか聞こえなくなる。すると、失敗を繕うほうが効果的になる場合だって出てくる。「失敗の美学」にも流行があるのかもしれない。

では、上手くいったときはどうだろう。逆転ホームランを打てば、味方の応援席は大騒ぎになるが、それに比べれば選手たちの喜びようは少々抑え気味に見える。

打った選手は、大はしゃぎして飛び跳ねながらホームに帰ってくるのではなく、地味なガッツポーズをするぐらいである。そしてベンチから迎えられるのだが、ハイタッチがかわされる程度である。

このときの監督の態度は様々である。確かに、逆転すれば表情がゆるむ。中には、選手と同程度に喜びをあらわにする監督がいるが、多くは冷静を装っているように見える。解説者の「笑いを噛み殺している」との言葉を聞くこともある。

勝ったときこそ「油断大敵」だ

プロ野球はペナントレースを戦う。6月頃に首位に立ち、「ついに首位ですね」とインタビュアーが水を向けると、監督は「いやぁ、まだ始まったばかりですから」と素っ気ない返事が多い。10日間勝ちっぱなしの力士に「優勝が見えてきましたね」と尋ねると、「あと5日もありますから。優勝のことは考えていません。あとは頑張るだけです」との答えが返ってくる。「上手くいって大騒ぎするのははしたない」との価値観がある。劣勢のほうは「駄目かなー」と弱気になっている。このとき、優勢のほうが喜びをあらわにしては、劣勢のほうは立つ瀬がなくなってしまう。当然「もう少し、敗者の気持ちを考えろ」という非難の声が大きくなるだろう。いや、変に刺激して、相手のやる気を顕在化させてもまずい。

'89年の日本シリーズは近鉄対巨人であったが、近鉄がまず3連勝した。この3戦目のヒーローインタビューで近鉄の投手の「今の巨人はロッテ（最下位であった）より弱い」との発言を聞いて、巨人の選手が発奮し、この後巨人が４連勝してシリーズをものにした話は有名である。これが、上手くいっているほうは「たまたまです」とツキのせいにしたりして、謙虚に振る舞う理由の一つであろう。

上手くいっているほうの事情もある。

多くの人がみっともないと思っていることの一つは、「格好いい」とか「凄い」とか思われている状況から、一転して落ちぶれたときである。その落差が大きいほど惨めである。

このとき、人は、精一杯見栄を張って落ちぶれの程度をできるだけ少なめに見せようとさえする。豪華なお土産を買ってきたり、多めの祝い金を包んだりする姿は、昔から小説等で描かれてきた。

落差を小さく見せるもう一つの方法がある。それは、上手くいったときに「格好よさ」を表面に出さないことである。逆転したときに大喜びしてしまっては、再逆転されたときの状況とのギャップが大きくなりすぎて、格好が悪い。このギャップを小さくするために、上手くいったときには「運がいいだけだよ」などと傲った態度を控えるのである。そうすれば「慎み深い」との評価までついてくる。

もちろん、外部からの評価だけではなく、上手くいっているほうの心理的事情がある。逆転したときには、「このまま勝てるわけではない」と慎重に構えていたほうが、再逆転されたときのショックが少なくて済むという訳である。ペナントレース、日本シリーズの場合も同じである。

それでも、監督を含めてチームが羽目を外して大騒ぎするときがある。それが優勝したときである。負けたチームの目の前で胴上げするなど、精一杯喜びをあらわにする。このときは、はしたなくしても許されるルールになっているのかもしれない。では、落差のほうはどうなるのだろう。

ビールを掛け合いながら手放しで喜んでも、来年までは状況が逆転する危険はないのである。来年になれば、羽目を外して喜んだことなど、世間の人は忘れてしまうに違いないのだから。

試合に勝った時の喜び方は、試合中に逆転したときの喜び方よりも派手になる。

これも負けるかもしれない次の試合まで時間があるという意味で同じ原理が働いているということか。

4、時は金なり、金は時なり

労働とは時間を換金する行為

私たちは将来に備えて貯蓄をしている。それは稼いだお金の一部を銀行などに預金をするという形をとる。では、時間は貯蓄できるのだろうか。もしこれが可能なら、暇なときに時間を蓄えておき、忙しいときに引き出して使えば効率的な生活ができる。果たして、そんなことは出来るのだろうか。

「時は金なり」という言葉がある。これを文字通りにとれば、時とお金は同等なものだから、時をお金に換えてそれを蓄えれば、時の貯蓄が出来来そうな気がしてくる。こんな形で時間の貯蓄をするには、いつでも時をお金に換えられ、またお金を時に換えられなければならない。

時間をお金に換えるには、自分の時間を労働に費やし、それでお金を稼げばよい。これは日常的にやっていることである。では、お金を時間に換えられるのだろうか。実は、それができるのだ。

忙しい時には、高いがタクシーを利用する、ベビーシッターを頼む、通勤に便利な都心近くの高価な貸し家に住む。お金を払って時間を買っているのだ。

このような具体的に時間を買う行為でなくても、預金を引き出して、それで生活すれば時間を買ったことになる。お金がなければ、生活するにはまず稼がねばならない。それが、過去に貯めておいたお金で生活できれば、その場で時間を労働に費やす必要がないのだから、時間を買ったのと同じことになる。

農業社会では、作物栽培に適した気候の良いときに農作業に精を出し、冬場にその成果物で生活する。これは、時間の貯蓄とその引き出しということになる。

時間の貯蓄に都合がいいのは、労働の成果物が多く（時間当たり収入が多い）、労働の成果物をことさら多く消費する必要がなく（消費の必要性が強いと貯蓄に回せなくなる）、生活に多くの時間をとられない（生活時間の要請が強いとお金に換える時間が足りなくなる）というときだ。

農業社会は時間の貯蓄と引き出しがスムーズに

農業社会における農繁期はまさにこの条件を満たし、「時間の貯蓄」にとって都合がよかった。村人にとって楽しみであった村祭りは収穫が終わってから行われた。そして、貯蓄した時間を引き出してての消費は、冬場など生産効率の悪い農閑期に行われた。

今日の社会における勤労者は、もっと長期的な時間の貯蓄と引き出しのパターンを求められている。時間の貯蓄にとって都合がいいのは、就職してから引退するまでの現役の時代である。もっとも稼ぎの効率がいいわけだ。

しかし、歳を重ねると労働の効率が落ちてきて仕事から引退する。そしてもっぱら、過去の「元気な時間」を引き出して生活することになる。寿命が長くなっているのだから、引退してからの生活のための時間貯蓄の必要性は高まっている。

では、勤労者の現役時代は、「時間当たりの労働の成果物が多い」という以外の条件は満たされているのだろうか。答えは「否」である。子どもを一人前にするのには大変な費用がかかる。大都市に住めば住居費が高い。その消費分、余計に働かねばならない。また、生活を楽しむところに欲求のウェイトが移っている今日、余暇に多くの時間とお金を費やす。

現代社会は、老後のために貯蓄する時間と、現在の消費のための労働時間および生活のための時間との取り合いが激烈になっている。どれも満たそうとすれば、現役にある人々がたいへん忙しくなって満足度がその分落ちてしまう。

これを緩和する手段は時間当たり収入を高めることだが、そのための能力を磨くには時間がいる。さらに、子どもにはもっとゆとりある生活をさせたいと思う親は、子どもに良い教育を受けさせようとする。それにはお金がかかるから、ますます親の生活をゆとりのないものにする。これでは、子どもの数がなかなか増えない。

高齢者雇用が少子化対策にも

いずれにせよ、現役のうちに「時間の貯蓄」をして老後に備えねばならないのだが、時間不足のために「時間の貯蓄」がおろそかになってしまいがちである。

このとき、強制的に「時間の貯蓄」をさせようとする制度が出来上がる。それが、公的年金制度である。国民は加入と保険料の支払いを義務づけられる。これも時間の貯蓄なのであり、現役の時間を忙しくする点では変わらない。もちろん、年金には税金が投入される。しかし、その税金も現役が払うのだから、現役の忙しさを緩和することにはならない。

一方、引退してしまうと、たとえ働きたいと思ってもその機会がないのだから、現役のときの「元気な時間」を引き出して生活をする。現役のときほど遊びたいわけではないから、生活時間の必要性もそうあるわけではない。物理的時間は十分に持っていることになる。

このように、お金を人間にとって基本的制約である時間に換算して世の中を見ると、見えなかったものが見えてくる。

とにかく、現代社会の現役は時間貧乏だといってよい。統計で睡眠時間の変動を長期的に見るとかなり短くなっている。自分の行動が24時間に収まりきれなくなって、睡眠時間にまでしわ寄せされてきた様子がうかがえる。子育てにはかなりの時間（育児時間と育児費用を稼ぐ時間）がかかるため、ここを節約しようとすると出生率が下がってしまう。

一方で、なお元気で働く意欲と能力を十分に持っている高齢者がたくさんいる。彼らが働く機会を得て、その気になれば稼げるのだという認識を現役世代が持てるようになれば、その分現役時代に「時間の貯蓄」に励まなくて済み、現役の時間の制約を緩めることにつながるだろう。いま高齢者雇用の条件整備が進みつつあるが、これはたいへん重要なことである。以上の筋道からいえば、出生率の向上も期待できるのだ。

現代は時間の制約がきつい社会である。しかし、それは現役世代にいえることであって、人間の生活を一生を通して認識し、この間の時間バランスを回復することこそが求められるのだ。

5、生きがいの条件

現実と目標の程よいギャップ

世の中には何かに挑戦している人がたくさんいる。仕事を成功させようと挑戦する、スポーツの試合に勝とうと挑戦する、絵画展で賞を得ようと挑戦する。うまくいって賞金を貰えれば、それでおいしいものを食べるなどの満足が得られる。

しかし、現実には、お金が得られないことに挑戦している人もまた多い。百名山登頂に挑戦する。アマチュアスポーツに挑戦する、などである。この時に得る満足については前に説明した。すなわち、目標を定めると、現状との間にギャップができる。人間はそのギャップを埋める過程で満足を得るのだ。「次のスポーツ大会には優勝するぞ」という目標を立て、少しでも目標に近づいた実感があれば、「生きがい」という満足が得られるのだ。

でかい魚を釣り上げてやろうと挑戦している人がいる。そして、ある日その魚を釣り上げることに成功した。しかし、それでは終わらない。次の日、職場で、「おれ昨日、こんなの釣ったんだ」と両手を広げて自慢をする。仲間から「すげーな」といわれれば、喜びは何倍にもなる。釣り損なっても、こんなのがひっかかったんだと両手を広げる。逃がした魚は大きいのである。

何かに挑戦して達成すれば満足が得られるが、そこに評価が加わると、満足度はさらに大きくなる。挑戦、達成、評価はワンセットになって、満足を得るための行動に人々を駆り立てる。とはいっても、目標を定めて挑戦すれば、誰もが生き生きとできるわけではない。目標が簡単に達成されてしまっては、挑戦してもつまらないし、評価もない。だからといって、達成が難しいことに挑戦して達成しても、いつも喜びが得られるわけではない。

ほめられなければ意味がない

吹雪のなかで一晩中立っているのは難しいが、こんな挑戦をする人の話は聞かない。この行為に対して評価がなされるわけではないからだ。評価という条件が加わらなければ達成しても満足が得られず、挑戦の対象として選ばれない。

また、個々の人にとっては、達成が難しく評価があるというだけでは不十分である。オリンピックに出場しようとの目標を定めても、その可能性がまったくなければ挑戦のしがいがない。達成の可能性が少しでもあることが、挑戦対象の条件になってくるのだ。人によって体力もこれまでの経験も違うのだから、ある挑戦対象が汎用性を持つわけではない。

また、「ゴルフの大会で勝ったからなんなんだ」と思っている人にとっては、ゴルフは挑戦の対象にならない。達成に対し、個人的に意義を感じるという条件を満たさなければならない。価値観の多様化などというのだから、人によって意義を感じる対象は違うのだ。

こう見ると、自分に合った生きがいを感じられる挑戦の対象は人によって異なり、見つけるのはそう簡単ではないということになる。現に、仕事から引退して十分な貯蓄と年金収入があるにもかかわらず、元気がなくなる人がいる。それまで生きがいだった仕事を離れて、新しい生きがいを見つけられないでいるのだ。

誰もが生き生きと生活できるようになるには、多様な挑戦の対象が存在することが求められるのだ。

以上のような原理を応用して集客力を高めることが行われる。既存の挑戦の対象をうまく制度化し、評価の要素を強めて、多くの人を惹きつけようとするのだ。

役所や新聞社など権威があると思われているところに共催を頼んで大会に重みを加える。そして、スポーツ大会の結果が新聞等で報道されれば、多くの人がこのスポーツを生きがいの対象として選び多くの人が参加する。結果として、スポーツ用具が売れるようになるなど潤うところが出てくれば、この大会にお金を出す動機が膨らみ立派な大会が開かれるようになる。

鉄道模型の世界には「日本鉄道模型の会」が存在し、国際鉄道模型コンベンションを開くなどして評価の要素を高め、挑戦者の満足を高めるとともに、同好の士を増やす活動をしている。

そして関連業種は売上を増やす。

サッカーブームの仕掛けとは

'93年に発足したＪリーグは、選手やチームのアイデンティティを確立しながら大会運営をきちんと制度化し、マスメディアを動員して評価面の重みを増し、サッカーブームを起こすことに成功した。

学校は、この挑戦、達成、評価を教育に応用している。定期的に実力テストを行い、その結果を公表するのだ。進学校では、よくできる生徒は評価されるという意味で評価の軸が一致している。評価の条件が満たされているのだ。こんななかで、生徒は挑戦をし、それを満たすことに喜びを感じるから、それだけ教育効果が上がる。だからこそ親は子供を進学校に入学させようとするのだ。

挑戦、達成、評価を制度のなかに組み込み、事業として確立している例として、茶道、華道、日本舞踊などの家元制度がある。呼び方は流派によって違うが、華道であれば、入門、初伝、中伝、奥伝、皆伝という免許の階級がある。この免許取得が目前の挑戦対象になる。

免許取得のたびに取得料を払うが、これが家元に上納される。そして、家元はこの資金を使って、ブランドイメージ向上に意を尽くすことになる。「生きがい商品」を売っているといってもいい。

もちろん、仕事に挑戦、達成、評価を組み込めば、生き生きと仕事ができるようになるだろう。従来、日本企業には「仕事に生きがいを感じる」人が大勢いた。他に移る選択肢が乏しいがゆえに組織の存続が重要視された。会社に貢献する仕事に挑戦して達成すれば、上司や仕事仲間から評価された（出る杭は打たれることもあったが）。会社と個人の夢が一致する環境にあったといってもよい。

ところが、次第に組織間の流動性が高まる環境へと変化して、会社の夢と個人の夢のつながりが弱くなり、自分の夢の達成が前面に出てきた。このとき、仕事に、挑戦、達成、評価を組み込むにしても、環境を理解してうまく工夫しないと人々の行動に結びつかなくなってくる。

6、人を生き生きさせるには挑戦、達成、評価の組み込み方がカギ

チーかポンかで一晩中真剣に

マージャンを覚えると、のめり込む人は多い。「徹夜マージャン」という言葉があるように、始まるとなかなか終わらない。マージャンには、人を惹きつける魔力があるといってもよかろう。その理由はどこにあるのだろうか。

人間は挑戦することに魅力を感じる。マージャンはその挑戦の機会が多いゲームである。半チャンとは1ゲームの単位のことだが、これは少なくとも8回の勝負からなる。そして、それぞれの勝負では、チーまたはポンをすべきか、どの牌を捨てるべきかなど、挑戦の意思決定が平均して十数回行われる。それぞれの意思決定にはリスクが伴うとともに、ゲームの勝ち負けに関わってくるため、真剣にならざるを得ない。

ゲームに負けるとくやしいから、もう一回やろうという人が出てきて、往々にして明け方まで続いてしまう。一度勝つとその味が忘れられず、誘いに来る人が著者の周りにもいた。だが、この面白いゲームを終えて帰宅する途中、ふと空しい気持ちにとらわれることがある。勝った場合でもそうだ。これはなぜだろう。

挑戦には、超短期、短期、中期、長期がある。野球では、どんなボールを投げよう、次は内角を狙って打とうというのが超短期の挑戦である。そして、この試合に勝とうというのが短期の挑戦になる。高校球児なら今年こそ甲子園に出ようと練習に励むのが中期の挑戦である。そして、将来はプロ野球選手として活躍しようというのが長期の挑戦だ。

人間は、超短期、短期の挑戦だけだと、「これで勝ったってなんだというんだ」とたまに空しくなってしまう。やはり、中期、長期の目標がはっきりしており、超短期、短期の挑戦をうまくやることが中期、長期の目標達成につながっていくんだという気になれないと、生きがいを感じられないようだ。

中・長期があれば生きがいになる

ではなぜ、マージャンの場合には中期、長期の挑戦という気が起きないのだろうか。これには、将棋や囲碁では賭けることがあまりないのに、なぜマージャンでは賭けることが多いのだろうかということを説明するとわかりやすい。

将棋や囲碁で勝てば、いい気持ちになれる。それは、プロが活躍し、勝負の過程が新聞やテレビで報道されるために、勝つことへの高い評価が確立されていることによる。それが人々の脳裏にインプットされ、勝っただけで満足感が得られるのだ。さらに、将棋や囲碁には、皆が評価を与える級や段があり、昇級、昇段が、中長期の挑戦の具体的目標となる。

マージャンの場合にも、プロが存在し、大会が開かれている。しかし、それがマスコミで広く報道されるわけではない。社会的に勝つことの価値が確立されていないわけだ。だからこそ、ゲームごとに賭けて、勝ったときに喜びを得られるようにしておくのである。

パチンコの場合も、「パチンコ依存症」という表現があるように、のめり込む人は多い。しかし、パチンコ台を買ってきて、家ではじいてもすぐあきてしまう。負けるリスクがないとともに中長期の挑戦の余地がないからである。

しかし、お金を払って玉を買い、それではじく場合にはやめられなくなる。超短期、短期の挑戦だけでも、お金がからめば夢中になれるわけだ。

もう一つの賭ける理由を説明しておくと、将棋や囲碁ではすべて情報が開示されているため、偶然の要素がない。一方、マージャンでは相手の手の内情報と積み牌情報が得られないため、偶然の要素が作用し、素人でも玄人に勝つことがある。このとき、勝ってもツキのせいにされてしまい、威張れないので、勝ったものが喜びを感じるように賭けるというわけだ。

挑戦の要素がちりばめられているスポーツやゲームは人気が高いのだが、なかには一見単純に見えるスポーツにみんなが興味を惹かれることがある。重量上げやトラック競技の多くがそうである。

これは、オリンピック種目として採用されていることが大きい。それは評価面が極めてしっかりしているわけだ。さらに、記録がとられるから、これが目標となる。超短期、短期の挑戦は数多くちりばめられてはいないが、中期、長期の目標を定め、それに挑戦していくことの喜びが大きいわけだ。

マイナー競技でも工夫次第で

こう見てくると、人々をのめり込ませる条件とは、1試合または1ゲームのなかでたくさんの挑戦の機会がちりばめられていること、また評価面がしっかりしていることである。そして、中期の目標が級や段、記録というかたちで明快に見え、それが尊重されていればなおよい。

サッカー、野球、ラグビー、バレーボール、アメフトなどの球技は人気が高いが、試合に挑戦の機会が多くちりばめられているとともに、評価面がしっかりしているからである。そして、サッカーのワールドカップに見るように、一種目の大会で世界を沸かせるのだ。

また、スキーも人気が高い。回転競技は、一瞬、一瞬に転倒などのリスクを伴い、これを克服して時間を争うのは、連続的に挑戦の機会がつながっているとしてよい。そして、オリンピック大会があるのだから評価面もしっかりしている。

スターが現れると、そのゲームやスポーツの人気が高まることがある。そのスターはマスメディアで数多く取り上げられることになるから、評価面がより充実するのだ。また、若者や子どもに夢を与えることになるから、彼らにとって中長期の挑戦対象がより鮮明になる。当然関係者はスターの出現を願う。

今日、水面や空中を場にしたハイテクがらみのスポーツが増えている。また、IT技術の進歩によって、面白いゲームが増えている。それでも人気面がいまひとつなものが結構ある。条件を満たす工夫をすることで、人気が出てくる可能性は十分にあるのだ。

7、なにかにつけて酒を飲む

楽しむのにも「いい訳」が必要

かなり弱まってはいるのだが、日本人、特に中年以上の人々にはいい思いをすることに後ろめたさを感じるところがまだ残っている。

「みんなが働いている平日にスキー道具を電車に持ち込むのは後ろめたい」という友人がいる。マージャンは誘われた格好にしないと乗ってこない友人がいる。

「付き合いだからしょうがない」という形にすることで、自分を納得させるのである。「付き合いは仕事のうち」という考え方が遊びを正当化するのだ。

いい思いの代表は、ご馳走を食べながら酒を飲むことである。これにもいい訳がないと手放しで楽しめないところがある。「なにかにつけて酒を飲む」というが、その「なにか」こそがいい訳である。いい訳になるには、我慢を伴う行為をした場合でなければだめなようだ。楽しい行為ではいい訳にはならないのだ。

たとえば法事では、足をしびれさせながら、意味不明で退屈なお経を聞いたあとで、酒を飲みながらご馳走を食べる。難しい内容の研究会が終わったあとで、懇親会を催す。たいへんな仕事が終わって慰労会を催す。組織では仕事納めの儀式があり、納会と称して飲み食いをする。1年間我慢をして働いてきた最後に、いい思いをする会である。もちろん、仕事始めの儀式もあるが、ここではトップの話だけで飲み食いはしない。我慢はこれからだからだ。

さらに、飲み食いをするときには、ご馳走を前にしてエライ人のつまらない挨拶がある。ここでも我慢をすることで後ろめたさが解消し、堂々と楽しめるようにすることが必要なのだろう。その意味では、エライ人の話は長くてつまらないほうがよいのかもしれない。

結婚披露宴では食事前に主賓の挨拶があるが、その内容を覚えている人はごく少数のようだ。一般には印象に残らないつまらない話だということだ。覚えている人が多いなら、それは儀式にふさわしくない、いわば聞くのに我慢を伴わないような内容だったということだろう。

「アリになれ」と教えこまれて

ではなぜこのような価値観ができあがったのだろうか。まずは、人間の欲求は時間の経過とともに発生するということがある。その典型が食欲で、朝食を食べて5時間もすれば腹が空く。昼飯を食べて、6時間もすれば夕食を食べたくなる。その間になにかをつまんだり飲んだりする。病気でもないかぎり、2日間なにも食べないではいられないのだ。他の欲求も同じで、一日のうち7時間ほど睡眠をとらないと身体がもたない。たまには、身体を動かしてリラックスしたい。

もう一つは、食欲を満たす食物の生産に関することだ。温帯以北または以南の冬は食物の生産には適していない。適、不適の時期が存在しているのである。

このとき、生産に適する時期に懸命に働き、生産に不適な時期のために備えねばならない。これがうまくいくと秋の収穫祭を心置きなく楽しめる。人間はこのような生活を長期にわたって続けてきたのだから、それが習い性になったのもうなずける。アリとキリギリスの話が教科書に載っていたように、冬に備えないと、満足できる生活ができないと教えるのだ。

食糧が得られない時期に備えるのは、人間だけではない。リスのように冬のために木の実などを蓄える小動物がいる。クマは秋のうちに体内に栄養を蓄え、冬眠をすることで食糧採取不可能期間をやりすごす。卵や蛹のかたちで冬を越える動物もいる。欲求の発生を止めることによって厳しい冬を乗り越えるのだ。

「楽しむ」意識は食糧事情次第

人間は欲求の発生を止めることができないから、収穫ができない期間がある地域に住んでいる限り、その期間のために備えをしなければ生き延びられない。

このとき、備えをすることの価値がたいへん高くなる。そして、この価値観が今日のように冬に備える必要がない時代になっても、根強く残っているということだろう。収穫不可能な時期のない熱帯地方の人々とは価値観は大きく違ってくるのは、容易に想像できる。動物も冬場をやりすごす必要がないのだから、厳しい冬が存在する地域の動物と比べると大きな違いが観察できるだろう。

冬場のための準備が終わったあとで楽しむのではなく、秋のうちにその分を蓄えておき、これから生産活動に入る前に楽しんでもよさそうに思える。春祭りを楽しみ、それから我慢して生産活動に精を出すというわけである。昔からこの意識でやってきたのなら、今日の価値観は相当違ったものになっていただろう。ではなぜ人間は我慢したあとでないと、羽目をはずせないのだろう。

これは、明日に地獄のような生活が待っていると、不安でいまが楽しめないということが大きい。老後の生活費の目途がたたなければ、これをなんとかしなければ不安な気持ちでいまを過ごさなければならない。そして、いまの生活レベルを下げて、また仕事量を増やして老後に備えるだろう。いいかえれば、人間は明日の不都合を解消できれば不安がなくなりほっとするのだから、準備が終わったときが楽しむ上で最適なのだ。

寒い冬が存在する地域でも、狩猟で食べていた社会の価値観は少々異なる可能性がある。動物を捕まえても生のままでは穀物のようには保存ができない。捕まえた段階で腹いっぱい食べ、次の動物を捕まえに出かける。このとき、まず楽しんでから働くという意識の順序になることは十分考えられる。食糧獲得手段の違いによって価値観が変わってくるわけだ。

今日、年金がもらえる年齢になって退職し、蓄えもあるという恵まれた人々がいる。所得が稼げない時期を前にして、備えができているわけだ。もはやいい訳などなくても大いに楽しめるように思えるのだが、相変わらずいい訳を必要としている人を見かける。

何歳まで生きるかわからないなかで、二度と収穫可能時期が来ないことが不安を高めてしまうのか。それとも、現役時代の習い性のためなのか。

8、時間人間、空間人間

真っ黒な手帳を見せびらかす

時間にルーズな人がいる。時間を約束しても、「わるい、わるい」といいながら、30分以上も遅れてやってくる。一方、ごみだらけの家に平気で住んでいる人がいる。片付けられないのだ。空間的にルーズだといっていい。

時間にも、空間にも同じようにルーズな人、またはどちらにもきちんとしている人がいるが、たいがいはどちらかに偏っているものだ。

空間にはルーズで、時間にはきちんとしている人、これが「時間人間」である。時間人間は細分化した行動が連続的に続いている場合に生きがいさえ感じるようだ。真っ黒に予定で埋め尽くされた手帳を人に見せびらかす人を見たことがある。

時間にはルーズだが、空間にはきちんとした人がいる。「空間人間」である。空間人間は特定の場所に留まって、そこを居心地よくすることに喜びを感じる。家の中の模様替えをはじめると、生き生きしてくる人がいるが、空間人間の典型だ。

専業主婦は家にいるからといって空間人間と決め付けてはならない。家の中は散らかっていても気にしないが、今日は食事会、明日はテニスと出歩くのが好きな人が結構いる。まずは、時間人間だとしてよいようだ。

時間人間と空間人間がお互いの欠点を補い合って、家庭生活なりを行ったらうまくいくような気もする。

時間人間の女と空間人間の男が結婚して、女が家にいる場合はどうなるか。男が、苦手な時間に追いかけられて、やっと帰宅してみると、そこはゴミ捨て場のようである。「出歩いてばかりいないで、たまには掃除をしろ」と文句をいうが、時間人間である妻は「私が掃除をしたってどうせ気に入らないんでしょう」といって動かない。仕方なく夫は自分で掃除を始めるが、妻からは小型の人間に見られてしまう。

1時間くらいの遅れは普通

男と女が逆の場合でも、うまくいかない。家にいるときの夫は散らかしっぱなしだから、妻にとっては「だらしない男」にしか見えない。また、時間がそうないときに、整理整頓を始める妻に対して、夫は「いま一番重要な行動は何かを考えろ」と文句をいう。

時間人間と空間人間が共同生活すれば、欠点を補うどころか、お互いイライラすることが多くなってしまう。どちらかが妥協して、時間人間あるいは空間人間のふりをせざるをえないようだ。

それでは、時間人間と空間人間ではどちらが現実の社会に合っているのだろうか。これは、そのときの社会の性格によって違ってくる。仕事は共同作業で行い、それに詳細な時間の打ち合わせが必要な場合には、時間人間が力を発揮する。

農業社会では「田植えを手伝う」という共同作業があった。しかし、約束した時間に間に合わなくても作業が遅れるだけで、収穫量が減るわけではない。もちろん、田植えや刈り取りの時期が遅れれば収穫量に響くが、それは分を争うものではない。これでは「時間約束」を守るべきとのルールが定着しない。農業社会ではどこへいっても「○○時間」というものがあって、結婚式などのイベントが1時間ぐらい遅れるのが普通であった。

工業社会になって、工場では流れ作業方式が普及し、作業員が同時に仕事を始めることが効率に結びつく。当然、始業に遅れないことが重要になる。また、分業化が進み部品などの納期がうるさくなる。それでも工業製品の場合、需要と生産の時間的ギャップは在庫が埋めてくれる。時間が重視されるが、時間人間が活躍する余地はまだ少ない産業社会である。

約束だらけのサービス化社会

現在は、サービス化社会といわれるが、こうなると、働き方は大きく変わってくる。大企業の本社ビルには無数の部や課があり、それぞれがサービスを供給している専門部門である。それらと、外部のサービスを融合することで、企業活動を行っているのだ。

当然、他の部門や他企業の人と時間約束が不可欠になる。それを記入したのが手帳である。約束の合間を縫って、企画書や報告書を書かねばならない。時間人間は連続的不規則に続く細分化された仕事をこなし、生き生きと働いている。

例えば、テレビドラマの撮影には、スタッフや出演者などとの間で時間約束が必要である。1人の出演者がそれをすっぽかせば、撮影ができず、他の人の時間がむだになってしまう。このような、時間約束が網の目のように張り巡らされているのがサービス化社会であり、時間約束を守らない人は相手にされなくなってしまう。こんななかで、非時間人間はストレスを強く感じることになる。

生活面でも、人は外で行動することが多くなった。昔は、遊び相手の範囲は限られていた。企業では、同じ課の仲間が遊び相手であった。付き合い残業までして、一緒に課をあとにし、雀荘やカラオケに向かった。

この場合には時間約束の必要は生じない。ところが、余暇活動の多様化もあって、人々の交友範囲は広がっていった。当然、メールなどでの時間約束が必須になってくる。

主婦も同様で、交友範囲が広がり、またレストラン、スポーツ施設、文化施設などとの予約を必要とする行動が増えていった。従来、家にいるべきだと空間人間を強要された主婦が、時間人間としての資質を発揮できる環境に変わったのだ。

一方、オーディオ製品や情報機器を買い込み、自室を小ぎれいに整えて快適な空間を楽しむ生活が社会的認知を得、そういった人が若者を中心に増えているようだ。また、情報機器を使っての在宅勤務という働き方が増えているという。

今日の社会は、男女とも本来の空間人間、時間人間として生き得る余地が広がったことになる。しかし、結婚相手や職業を間違えると、身動きがとれなくなるから気をつけたほうがいい。

9、寂しくならないために

「誘い人間」と「誘われ人間」と

過去30年間に人を誘って遊びに行ったことがあったかなあ、と振り返ったら、ほとんど思い出せない。とはいっても、いつも1人で過ごしているわけではなく、友達と飲みに行ったり、旅行をする機会はけっこう多い。

つまり、いつもだれかが誘ってくれていたのだ。友達のグループはいくつかあり、ある仲間のなかで誘ってくれる人はほぼ決まっている。いつも誘われる側に立つ「誘われ人間」と、誘い役をする「誘い人間」がいるということなのだろう。

誘われ人間は「そろそろ誘ってくれないかな」と声がかかるのを待っているのかもしれない。グループのなかで誘い人間がいなくなってしまうと、その会の仲間は疎遠になってしまう。潜在的な誘い人間がいて、後を引き継ぐ場合もある。

では、筆者はずっと誘われていたかというとそうではない。大学の同期生と酒を飲むとよくいわれるのは「学生時代、授業を受けに大学に行くと井原が門の前で張っていて、そのまま雀荘につれていかれたよな」ということである。表面的には強力な誘い人間であったことになる。

このときは、マージャンにはまっていた。しかし、マージャンをするには、あと3人必要だ。大学は仲間を集めるのに格好の条件を満たしていたというわけだ。

誘い人間の重要な要素は誘うことに負担を感じないことである。だから、誘うことで少しでもメリットを感じるならば積極的に人を誘うことになる。一方、誘われ人間は誘うことに負担を感じる人である。誘って断られたらどうしようとか、誘ってもらえなかったらどうしよう、というのも負担の一部である。それでも、負担以上の強い満足が得られるならば、たとえ誘われ人間であっても、誘う側に立つことがあるということだ。

誘い人間と誘われ人間の区別は難しい。誘うことから得られる満足が、誘うことによって感じる負担を上回る場合に、人は誘うという行動に出る。誘われ人間でも、たいへんな寂しがり屋なら、誘う側に立つことだってあるだろう。また、なかにはマージャンをしたくて仕方がないのに、誘われた格好にしないと乗ってこない人がいる。これは、マージャンに後ろめたさという別の制約を感じている人である。

「仕事のつきあい」も今は昔に

誘い人間は、誘うときに感じる負担が小さいため、気軽にだれかを誘うから寂しい思いをしなくてもすむ。もっとも、だれも誘いに乗らなければ、目的は達せられないのだが。

一方、誘われ人間はだれも誘ってくれなければ孤独でいることがある。誘う負担を負うぐらいなら孤独のほうがいいと思う人だ。つきあいが煩わしい人もいる。

昔は、このように孤独になるケースは稀であった。地域コミュニティーがしっかりできており、人々はつきあいを密にしながら生活していた。特に親戚どうしのつきあいは濃密であった。日本の会社も同じで、仕事が終わると、課の仲間がそろってカラオケやマージャンに出かけた。休日にはゴルフをやった。そのほか、忘年会、新年会、送別会、社員旅行、花見の会など多くのふれあいの機会があった。このときの暗黙のルールは「仲間はずれにしてはならない」ということだから、だれもがそれに参加した。

逆に、これらの会に出席しない人は「つきあいが悪い」と非難され、これは社員失格のレッテルを貼られることを意味した。だから、「つきあい」という言葉には「仕事のうち」というニュアンスがこめられていて、夜遅く家に帰ることの家族へのいいわけになった。

このつきあいの重要性は、協調性が重視される背景にもなっていただろう。まさに全員参加型であったから、ことさら、親しい友達がいなくても不都合を感じなかったのである。自分の行動を自分で決める必要さえなかったという。

「学食で一人で食事できない」

それが、都市化が影響して地域コミュニティーが崩れ、会社が変わり、さまざまの会が減っていった。サラリーマンにとって、カラオケ、マージャン、ゴルフは三大義理道楽といって必須レジャーであった。ところが、余暇活動の多様化が進み、「一緒に行動すべし」とのしばりが弱まると、自分で余暇仲間を探さねばならなくなった。「自立」を強いられるようになったといってもいい。

こうなってくると、だれも誘いに乗ってこない誘い人間や、だれからも誘われない誘われ人間は寂しくなってしまう。

かなり前のことだが、大企業の部長さんから「寂しくなりましたよ。若い連中に飲みに行こうと誘うと、いなくなってしまうんですからね」との話を聞いたことがある。大学では、学食で一人で食事をするのがいやで、大学に行きにくくなっている学生がいると聞く。友達がいないと思われるのが嫌なのだそうである。

人々が自立を強いられたことで、まったくの私的関係である友達なるものの価値が高まってきたということだろう。

いま、高齢者の孤独が深刻になっている。会社員が定年になると、会社の仲間から強制的に引き離される。社外に親しい友達をもつ必要を感じなかった人々は、住居がある地域社会でつきあいをしなかったから仲間がいない。

多くが引退する歳になると、同窓会が活発に開かれるようになるが、巣立った学校が遠方にある人は参加しにくい。歳をとると行動範囲が狭くなり、それだけ友達と会える確率が小さくなる。配偶者に先立たれると、一人で過ごすことになる。誘われ人間の場合は、誘ってくれる人が少なくなるから特に深刻である。

高齢者が自由に出入りがしやすい場を提供し、一種のコミュニティーづくりを行っているところが増えている。これは大切な活動である。

だが、その前に重要なことがある。誘いたくなるような、また誘われたら乗っていきたくなるような人間的魅力だ。そんな魅力を高める努力が重要な時代になったという認識が必要なようだ。

井原　哲夫（いはら　てつお）

1939年茨城県生まれ。慶應義塾大学名誉教授。
著書に『サービスエコノミー』（東洋経済新報社）、『「豊かさ」人間の時代』（講談社）、『見えの商品学』（日経BP社）など。

人の心を見抜いて成功する法

2012年10月31日　初版第1刷発行

著　者　井原哲夫

発行者　伊藤寿男

発行所　株式会社テーミス
東京都千代田区一番町13-15　KGビル　〒102-0082
電話　03-3222-6001　FAX　03-3222-6715

印　刷
製　本　株式会社平河工業社

ISBN978-4-901331-24-1
定価はカバーに表示してあります。落丁本、乱丁本はお取替えいたします。